あの駅の姿には、わけがある

路線別に探る、駅舎の謎

杉崎行恭
Sugizaki Yukiyasu

JN230741

交通新聞社新書 136

はじめに

これから日本の駅舎をめぐってみようと思う。

駅舎といっても都会にあるでっかいターミナルではなく、どちらかといえばその対極にあるような小さな駅の建物だ。そんな駅はおおむね客も少なく、まして列車も少ない。列車が停まらなければ駅だと気づかないようなものもある。

今、東京２０２０オリンピック・パラリンピックをひかえ、ＪＲや大手私鉄を中心に東京都市部では加速度的に駅舎が更新されている。それも含めて都市生活者から見ると駅が新しくてキレイなのは当たり前だ。ところが地方民鉄やＪＲのローカル線区間の駅舎はおそろしく古いものが目につく。ただでさえ苦しい営業成績のなか、車両や線路、保安装置などの近代化が迫られ、とても駅舎にまで手がまわらないのが実情だろう。令和を迎えた現在、明治・大正期に建てられた建築が日常的に使われている産業は、鉄道をおいて他にはないと思う。

あのバブル時代を経て、地方の役所や公共施設がひととおり新しくなった今、鉄道駅舎だけが突出して古いのだ。しかし、駅舎がいかに古くても、日々使われている現役稼働物件だ。そこには流れた時間分の記憶や思い出が蓄積している。小さくても簡素でも、ダテに古いわけではない。えてして若者の顔は似ているが、年寄りの顔は千差万別だ。鉄道駅舎もみな違った歳のとり方をしている、そこが魅力なのだ。

ひるがえって見れば、鉄道駅舎は鉄道が日本にやってくるまでは存在しない建築だった。しかも、靴を脱がずに立ち入ることができる洋館建築群である。宿命的に西洋を感じさせる鉄道駅舎は、江戸時代と変わらない暮らしをしていた日本人に、初めて文明開化を知らしめた建築物と言ってもいいだろう。

日本の鉄道誕生150年をひかえ、いま一度、日本の風景を作ってきた鉄道駅舎を愛でたいと思う。

そこで、見るべき駅舎を選ぶにあたって2つの基準を設けた。

「古いか、斬新か」である。歴史的でも学問的でもない、ただそこにある駅の姿を見届けたいと思う。勝手ながら、こんな基準で全国から28路線を選んだ。不思議なことにいい駅舎は特定の路線に偏在している。これも鉄道の個性だ。

急に駅をめぐる旅をしたくなったら、本書を参考にしてもらえたら嬉しいと思う。

２０１９年６月　　杉﨑行恭

あの駅の姿には、わけがある——目次

第1章

北海道・東北

開拓の歴史を宿す北海道の大幹線　ＪＲ函館本線【函館～旭川】

北海道の大幹線をなす函館本線は、その距離とともに長い歴史を貫いて走るドラマチックな路線だ。最初の開通区間は明治13年（１８８０）の官営幌内鉄道による手宮～札幌間で、北海道で初めての営業鉄道となった。この鉄道工事にあたってはアメリカ人技師、クロフォードが南北戦争仕込みの（北軍将校だった）スピードで開業させ、開拓使を驚かせた。さらにそれ以北は北海道炭礦鉄道幌内線を経て、官設鉄道上川線として明治31年（１８９８）に旭川駅まで開業した。しかし小樽以南は石炭のような稼げる貨物はなく、しかも函館～小樽間にはすでに海運航路もあったことから後回しにされた。

この南側区間は民間の北海道鉄道によって明治38年（１９０５）に開通、現在の函館本線の基本形が完成した。北海道鉄道の設立時にはあの渋沢栄一も参加したが、建設資金に窮したことから完成の見込みなしと撤退している。しかしロシアの脅威に備える国防上の必要から国費が投入され、なんとか開業したものの明治40年（１９０７）に国有化され、明治42年の線路名称制定により函館～旭川間が函館本線となった。

ＪＲ函館本線・駅舎旅

青函連絡船があった頃、北海道の玄関だった**函館駅**は平成15年（２００３）にチタンで覆われた駅舎に改築された。新駅舎は船をモチーフにしたかっこいいターミナルだが、新幹線駅のような金属板に覆われた駅舎を見るたびに、旧駅舎の雑踏と暖かさを懐かしく思ってしまう。函館駅を発車した列車はＪＲ函館運輸所の大きな車両基地を見ながら進

函館駅　平成24年、５代目として竣工

五稜郭駅　昭和18年改築の2代目駅舎

大沼駅　昭和20年に一部改修

鹿部駅　昭和20年開業時の駅舎

み、次が**五稜郭駅**。大柄の木造駅舎はリフォームされたが健在だ。ただ本物の五稜郭からはかなり離れている。ホームは、ＪＲ貨物の函館貨物駅に隣接していて、上り方面（道南いさり火鉄道）からの2万Ｖの電化区間がこの駅で終わるため、電気機関車とディーゼル機関車の入れ替えが頻繁に行われている。郊外に出た函館本線はこれより一直線に駒ケ岳に向かっていくが、北海道新幹線と接続する新函館北斗駅を除けば、各駅舎は待合所風に更新されている。その新幹線開業ブームに取り残されたような**仁山《にやま》駅**と**大沼駅**は昔ながら

渡島砂原駅　昭和20年開業時の駅舎

東森駅　昭和54年改築

山崎駅　平成4年に無人化

国縫駅　昭和14年改築、大柄の駅舎

の木造駅舎だ。大沼駅から駒ヶ岳の西側を通る本線ルートと東側を通る砂原支線に分かれるが、その砂原支線の**鹿部駅**と**渡島《おしま》砂原《さわら》駅**に昭和20年（１９４５）開通時からの立派な駅舎が残っている。このうち鹿部駅は地元の人たちによって、トイレに至るまで美しく手入れされている。またこの先の**東森駅**は国鉄時代に更新された正三角形の小駅舎が楽しい。

「いかめし」で有名な森駅から砂原支線と合流した函館本線は八雲駅まで内浦湾の海岸段丘下を走る。その次の**山崎駅**と、かつて瀬棚線が分岐していた**国縫《くんぬい》駅**にも雰囲気のいい駅舎がある。ただし老朽化も激しく、いつ改築されても不思議ではない。

　近年、車内販売の廃止で列車の中で買えなくなった人気駅弁「かにめし」で知られる長万部《おしゃまんべ》駅から函館本線は山越え区間に入る。北海道の大幹線でありながら非電化単線の線路はクマザサに覆われた谷筋を登っていく。通称「山線」と呼ばれるこの区間で見るべき駅舎と言えば、昭和54年（１９７９）に改築された**黒松内駅**だろうか。左右非対称のコンクリート造りで、曲線を多用した伸びやかなモダニズム建築だ。また大胆な三角形をモチーフにした**熱郛《ねっぷ》駅**も個性的。ニセコアンヌプリと羊蹄山の間に位置する**比羅夫《ひらふ》駅**も国鉄時代の軽量鉄骨駅舎、今では駅舎を使った民宿になっていて、ホームでジンギスカンも楽しめる男女別相部屋の宿だ。ただし駅は谷底にあって羊蹄山は見えない。

比羅夫駅　昭和36年改築、2階建て

小樽駅　昭和９年、鉄骨RC３代目駅舎

銭函駅　昭和６年、改修前の姿

(旧) 神居古潭駅　明治43年

余市駅で石狩湾沿いに出た線路は**小樽駅**と**銭函駅**（バリアフリー化で印象が変わったが）という名駅舎を残している。この間、平成18年（2006）に廃止された張碓《はりうす》駅付近はまさにクロフォードが突貫工事で建設したところだ。小樽から複線電化になった函館本線は札幌圏の都市部に入っていき、各駅の更新もひととおり終わっている。そんななか留萠本線と分岐する**深川駅**は完成度の高い国鉄モダニズム駅舎が残る。また旭川を控えた石狩川の難所には明治時代に設けられた**神居《かむい》古潭《こたん》駅**が旧線区間に保存されている。

仁山駅　新幹線駅の隣の駅は見どころ満載

函館本線が、いよいよ駒ヶ岳に向かって登り始めたところにある仁山駅。ここも訪ねたい駅舎が残っている。このあたり、延々と９㎞も続く20パーミルの勾配区間にあって、線路も苦しげにカーブを描く、その途中に仁山駅のホームがある。かなり古びた駅舎はそこから一段上がった場所にあり、ホーム側に張り出した駅事務室に待合室が従うように建てられている。見上げた建物は駅舎というより「現場事務所」といった風情だ。

仁山駅は昭和11年（１９３６）に信号場としてスタートし、昭和18年から昭和61年まで有人乗降場だった。そして無人化された翌年にＪＲ民営化に伴って駅に昇格した。つまり重要な信号場なので「乗降場」でも職員がいたのだ。そんなことから無人になっても人のいた雰囲気と設備が残っている。またこの区間は、輸送力増強のため複線化したのち、勾配を緩和した藤城線（仮称・七飯《ななえ》～大沼間）が開通するや単線に戻されるというややこしい経緯を経ている。さらに駅の南側には加速線用の引き込み線がスイッチバック状にあって、かつては停車した重量貨物列車がこの引き込み線を利用して上り勾配に挑んでいた。しかもこの引き込み線は今も稼働中だ。このように線路的にも見どころ満載の仁山駅には

仁山駅　昭和19年駅舎建築

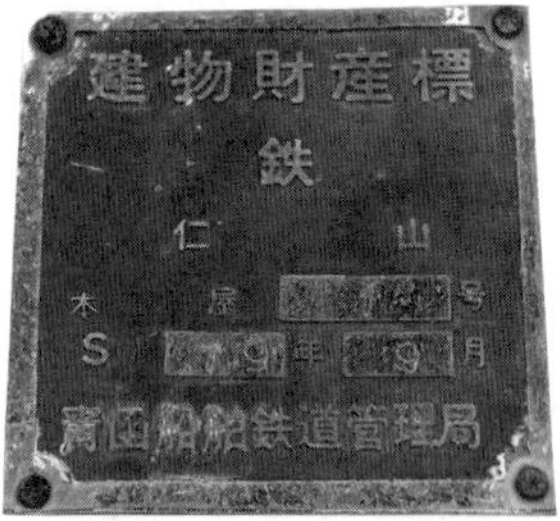

青函船舶鉄道管理局の建物財産標

駅構内によくわからない空間があちこちにあり、「昔なにかがあった」感が横溢している。

この仁山駅舎は昭和19年（1944）に道路整備に伴って改築されたもの。窓越しに駅事務室をのぞくと「安全は増収」という標語が掲げられていた。駅から徒歩圏内にスキー場や日帰り温泉（ニヤマ温泉あじさいの湯）もあり、函館方面への眺望もなかなかのもの。通過列車の走りっぷりもいい。

大沼公園駅　道南随一の景勝地に建つリゾート駅

　函館から渡島半島を北上する函館本線にとって、駒ヶ岳は行く手を阻む大障害だった。鉄道にとってこのような難所は景勝地と同義語で、北海道内でもいちばんリゾート駅らしい大沼公園駅もその難所の駅だった。森を背に建つ駅舎は、柔らかなラインを持つ三角ファサードの左右対称建築で、さながら絵本に登場するような、駅らしいわかりやすさと優しさをあわせもっている洋館駅舎だ。

　竣工したのは昭和３年（１９２８）のこと。古くから駒ヶ岳と大沼の景勝地として定評のあった大沼周辺は、大正時代から林学博士、本多静六による公園整備計画が進行していた。そして数年後に予定されていた国立公園選定を目指してさまざまな観光施設を整備していた頃だ。ちょうどこの昭和３年に大阪毎日新聞社がハガキ投票による「日本新八景」の審査選定をしていたこともあり、大沼公園駅舎はまさに大沼を全国的な観光地にする機運の中で建てられた。しかし日本新八景には落選してしまい、昭和４年（１９２９）には駒ヶ岳が大噴火して牛馬１３６頭の命を奪った。この大沼公園駅（当時は大沼駅）は難を逃れたが昭和９年（１９３４）にスタートした国立公園にも指定されなかった。その後は

大沼公園駅　昭和３年改築

戦争もあって結局、昭和33年（１９５８）の国定公園指定まで待たなくてはならなかった。

　さて、大沼公園駅を上から見れば切妻屋根を十文字にクロスさせた形で、正面と左右に３連の縦長窓をバランスよく配している。これは採光のため屋根を高くして縦長窓を設ける洋館スタイルで、石張りの腰壁と白壁の対比もいい。ちょっとクセがなさすぎるけれど、この駅舎のカタマリ感は好ましい。駅前で名物の「大沼だんご」を買って湖畔までぶらぶら歩けば、多島湖の先に駒ヶ岳が見える。なかなかあっぱれな眺めだ。駅の標高は１３１ｍだが高原の雰囲気も十分。この大沼の公園計画を作った本多静六はあの明治神宮の森や、寒冷地の鉄道沿線に鉄道防風防雪林を立案した日本における林業の巨人だ。大沼公園駅のもつリゾート感は、大正時代の本多静六の遺産なのかもしれない。

深川駅　北欧デザインを纏ったよき時代の駅舎

国鉄には工事局という部署があり、一定以上の規模がある駅舎や建物、土木工事などはこの部署が担当していた。昭和30年（１９５５）に発足した国鉄工事局は全国７カ所に支局をおいて、戦争を経て老朽化した駅や施設をすさまじい勢いで改築していった。そのとき、戦後の公共建築で一大ブームになった北欧風のモダニズム建築の影響を、鉄道駅舎もモロに受けた。これにより重厚で重苦しかった戦前・戦中の駅に比べ、天井のフタが開いたような開放的で明るい駅舎があちこちに建てられていった。昭和35年（１９６０）に改築された深川駅もきわめて明快な直線でデザインされた駅舎だ。長大なファサードに窓をならべ、１階のエントランスは温室のようにガラスのサッシで明かりをとりいれた。

駅舎が完成した頃は函館本線と、接続する留萠本線と深名線の蒸気機関車が盛んに発着していた頃だ。そんな煙にまみれた駅にこれほどモダンな姿を与えたのは感動的だ。ちょうどこの頃、道内では先代の旭川駅や滝川駅（いずれも昭和37年）など横一直線ファサードのコンクリート駅舎が続々と建てられた。国鉄工事局の製図台ではこのような「直線駅舎」が続々と設計され、ＪＲ化まで続く一大潮流になっていった。しかし後年はしだいに

深川駅　昭和35年改築、RC２階建て

深名線の旧７番ホームが残っている

規格化、画一化して簡素化の隠れ蓑のような役割になった。ふりかえって、深川駅舎はまだ北欧デザインの気持ちよさが感じられる建築として健在だ。すでにキヨスクも撤退して寂しくなった駅だが、また訪ねたときは、駅構内で販売される名物の「ウロコダンゴ」を味わいながらじっくりと眺めたいと思う。

駅舎食堂で魅力を放つ　ＪＲ釧網本線【東釧路～網走】

かつて、北海道外周の多くに鉄道路線があり、鉄道路線図だけで北海道の輪郭がかけるほどだった。それも１９７０年代以降の相次ぐ廃止で今では見る影もなくなった。そんななかで道東の輪郭をかろうじて死守するのが、この釧網《せんもう》本線だ。いうまでもなく北海道東縁をめぐる釧網本線は、釧路湿原とオホーツク海という他の路線では見られないスケールの大きな車窓風景が楽しめる。その建設は網走側から先行して延伸し、大正14年（１９２５）には網走～斜里（現・知床斜里）間が開通している。釧路側は明治時代よりアトサヌプリ（跡佐登硫黄鉱山）から硫黄を運ぶために存在していた釧路鉄道の路盤を一部利用して昭和5年（１９３０）に川湯（現・川湯温泉）まで延伸。翌年、札鶴《さっつる》（現・札弦）～川湯間の開通で全線開業となった。明治初期に標茶《しべちゃ》に釧路集治鑑が設置され、その囚人たちが建設に投じられたという歴史も忘れてはならないだろう。全長１６６㎞、全27駅。網走駅で湧網《ゆうもう》線（１９８７年廃止）、斜里駅で根北《こんぽく》線（１９７０年廃止）、標茶駅で標津《しべつ》線（１９８９年廃止）と接続。このようにかつては幾多の支線を従えた基幹路線だった。

ＪＲ釧網本線・駅舎旅

東釧路駅を出た釧網本線は釧路川に沿って一路北上していく。ちなみに釧路市の東隣には釧路町があり同名の市と町が並んでいる。遠矢駅と釧路湿原駅、そして細岡駅はいずれも釧路町にある。線路は釧路湿原の東側の縁をなぞるように進み、その先の塘路駅までが観光列車「くしろ湿原ノロッコ号」の通常の運行区間だ。このためちょっと小奇麗なログハウスの小駅舎が集まっている。湿原は茅沼駅のあたりが北限で左右から次第に低い丘が近づいてくる。三角形をモチーフにした**標茶駅**の次、磯分内《いそぶんない》駅は無人の小駅舎があり、南弟子屈《みなみてしかが》駅は貨車転用の待合室。いずれも片面ホームの簡素な駅だが厳冬期を思うと待合室は必須だろう。ふたたび市街地が現れると摩周駅がある。平成2年（１９９０）に弟子屈駅から改称された有人駅だが、それ以前には山荘風の素晴らしい木造駅舎があった。

釧網本線はここから摩周湖と屈斜路湖の間を北上していくが、車窓からは見えない。美留和《びるわ》駅は貨車転用の待合室、線路が広大な畑作と大森林のなかを北上していく北海道らしい風景だ。**川湯温泉駅**から北は、釧網本線のなかでも語られることの少ない区間だ。次の緑駅の間にある釧北トンネル（５４９ｍ）が太平洋側とオホーツク側の分水界になっていて、昭和６年（１９３１）のトンネル開通で釧網本線が全線つながった。緑駅は無人が基本の待合室風だが構内は広い。かつては釧北峠区間で蒸気機関車の補機がここで連結された名残り。ふたたび平原に出たところにある札弦駅も待合室スタイル。次の清里町駅は斜里平野の農業の中心地で国鉄時代に改築されたコンクリート駅舎が残る。以前はレンタルビデオ店になっていたが近年は店も撤退している。そして南斜里駅は大平原にあるホームだけの駅。１９７０年代に旅したとき、崩れかけた待合小屋が車窓から見えた。

東釧路駅　昭和32年、ブロック積み

止別駅　木造平屋、昭和43年改修

北浜駅　昭和42年改築

藻琴駅　大正13年、開業時からの駅舎

知床斜里駅を出れば、すぐに荒涼としたオホーツク海沿岸をひたすら走り、ところどころに大正時代の開業時に建てられた木造駅舎が現れる。**止別駅**《やむべつ》は「えきばしゃ」というラーメン屋が入居、ホームを見ながら味わうカニ爪入りの「駅長ラーメン」は間違いなく美味しい。浜小清水駅は昭和35年（１９６０）に建てられたコンクリート駅舎があったが現在は道の駅「はなやか小清水」と一体化した駅になった。臨時駅の原生花園駅は5月から10月の間だけの季節営業、ログハウスの小さな駅舎と駅前に展望台がある。**北浜駅**は止別駅と同じスタイルの木造駅舎が残る。こちらも駅舎内にレストラン「停車場」が入居、旧型客車の椅子で食べる洋食が楽しみ。北浜は日本一海に近い駅として話題になったが、殺風景なオホーツク海の風景は変わらない。

木造駅舎の**藻琴駅**は北浜よりは少し大きな駅舎だ。昭和10年代には駅前から斜里平野の奥地まで東藻琴村営軌道が走っていた。そんな歴史を反映するように藻琴駅舎には「トロッコ」というカフェがあり、鉄道グッズにかこまれた居心地のいい空間になっている。隣の鱒浦駅は平成27年（２０１５）に木彫の小屋に改築された。駅名にちなんで壁には木彫りのマスが飾られている。網走市街地に入ると昭和42年（１９６７）に仮乗降場として始まった桂台駅があり、その先１・４㎞で網走駅に入っていく。

川湯温泉駅　貴賓室もあった国立公園の玄関駅

釧網本線で名駅舎といえば川湯温泉駅につきるだろう。戦前に最も国力が充実していた時期の昭和11年（１９３６）に竣工した駅舎は木造ログ組みの山小屋仕立てで、正面の三角ファサードはイチイやシラカバの銘木を組み込んだ美しいハーフティンバー（半木骨造）で人々を迎えてくれる。ちょうど昭和９年（１９３４）に阿寒国立公園が誕生し、最寄りの川湯温泉や摩周湖の観光開発が始まったことから駅舎にもおカネをかけたのだろう。駅舎建築にあたっては地元でライバル関係だった二人の大工が腕をふるったとも伝えられている。

また、弟子屈町一帯には大規模な川上御料農地があり、この川湯駅（１９８８年以前の駅名）にも皇族の来訪があったといい、駅舎内のレストラン「オーチャードグラス」の客室にはかつて貴賓室だった重厚な調度の部屋がある。以前、レストランのオーナーが店を始めるとき「棚に菊の紋が入った食器が残っていた」と語っていた。ちなみに昭和29年（１９５４）８月14〜16日にかけて昭和天皇が弟子屈を訪れ、この貴賓室で休憩されたこともあったという。北海道で開催された第９回国民体育大会で来訪したもので、帰りは行

川湯温泉駅　昭和11年木造平屋建

幸として初めて千歳から羽田まで空路を利用。日本航空のダグラスＤＣ－６Ｂ旅客機が使用された。

川湯温泉駅の正面から見て右手には別棟の丸太小屋があり、今では川湯温泉から湯を引く足湯になっている。ここは以前トイレだったところだ。

そして忘れてはならないのが駅前からもよく見えるアトサヌプリ（５０８ｍ）だ。その噴気を上げる溶岩ドームから駅まではわずか１㎞の距離、私はこれほど駅に接近する活火山はほかに知らない。

知床斜里駅　昭和40年代の駅舎が驚愕の大変身

川湯温泉駅から見えるのがアトサヌプリなら、知床斜里駅は何といっても道東屈指の秀峰、斜里岳（１５４７ｍ）だろう。駅を正面から見て、借景に美しい稜線を左右にひろげた美しい山容が望めるはずだ。そんな知床斜里駅は息を呑むようなモダニズムデザインの駅として再生した。平成19年（２００７）に建築家、川人洋志による建物はカラ松の集成材で駅舎を囲うように壁で覆い、細かなスリットで木漏れ日を演出した箱型の駅舎となっている。一見すると北欧の高級オーディオに通じる切れの良い造形で、そこに建ったというより、おかれたように現れる。アートとは、理解できなくても存在することで周りの空気を変える芸術と解釈すれば、知床斜里駅はまさにそのような存在だ。ただし、モダニズムデザインの欠点として「どこが玄関だかわからない」ことが多々あるが、ここでは箱にかけたリボンのような黒帯で出入り口を示している。

このように世界自然遺産の玄関として、きわめて垢抜けた知床斜里の駅舎だが、その実態は昭和46年（１９７１）に改築された3代目駅舎を増改築したものだ。わかりやすくいえば外側を覆って旧駅舎を改造しているのだ。この隠された駅舎もかつての斜里駅から分

知床斜里駅　旧駅舎を平成19年改修

古レールで組んだ跨線橋、駅構内は変わらない

岐していた根北線廃止の交換条件として建てられたコンクリート駅舎で、その昔は加藤登紀子の「知床旅情」（1971）の大ヒットでカニ族が押し寄せたのもこの3代目だった。

さて、知床斜里を訪れたら駅から徒歩20分の斜里町立「知床博物館」も訪ねてほしい。本来はオジロワシとか貴重な野生生物が見られる博物館だが、ここには昭和45年（1970）に廃止された根北線の駅名看板や史料が展示されている。

戦前・戦後の駅舎が共存

津軽鉄道【津軽五所川原〜津軽中里】

東北の民営鉄道のなかでも、独特の存在感を示すのが津軽鉄道だ。昭和初期に地元資本を集めて立ち上がり、津軽平野の穀倉地帯を貫いて人と農産物を運び続けてきた。そして近年では冬季に旧型客車による「ストーブ列車」を運行、乗務するアテンダントの津軽弁とともに冬の青森観光の大きな魅力になっている。

その前身は大正時代に川部〜五所川原間を結ぶ私鉄として開業した陸奥鉄道だった。これが国有化されたときに得た買収資金で津軽半島一周をめざして設立されたのが津軽鉄道だった。昭和５年（１９３０）７月に五所川原〜金木間が開業、11月には現在の終点、津軽中里まで開業している。しかし開業当初に金融恐慌に見舞われ、これ以北の路線延長は叶わなかった。

それでも津軽半島の動脈として貨客混合列車を走らせ、秋には名産のりんごを全国に出荷した津軽鉄道、昭和40年代には年間２００万人を超えていた輸送人数も今では年間30万人台に減少した。これは江ノ島電鉄が運ぶ6日分の人数だ。それだけに「ストーブ列車」

や「風鈴列車」、秋の「鈴虫列車」などを走らせる奮闘ぶりは涙ぐましいものがある。系列会社もなく、第三セクターでもない津軽鉄道は、東日本大震災のときもいち早く運転を再開して東北人の気概を見せた。青森を旅したら、乗り支えていきたい鉄道だ。

津軽鉄道・駅舎旅

起点の**津軽五所川原駅**はJR五能線五所川原駅の構内に隣接してホームがあり、跨線橋で連絡している。そしてホームから見る構内は鉄道ファンには夢のような情景だ。DD350形という今では珍しいロッド式ディーゼル機関車や、だるまストーブを搭載するオハやオハフといった旧型客車が停車。また黒々とした除雪車に木造有蓋車ワムなども点在し、バラック風味の車庫本屋と相まって鉄道機関庫の小宇宙を作っている。ホームにある待合室では「鈴虫列車」用のスズムシを飼育しており、「うちのスズムシは揺れても鳴く」と駅員も自慢する。

ひとつ目の**十川**《とがわ》**駅**は川沿いの土手にあってトンガリ屋根のある待合室が特徴。その先の五農校前駅は県立五所川原農林高校の最寄り駅、近年、木造待合室が青森ヒバを使って修復された。ちなみに五農校は昭和45年（１９７０）には夏の甲子園に出場したこともある高校だ。**津軽飯詰駅**はかつての列車交換駅、有人駅時代の木造駅舎が残っている。これより列車は広大な津軽平野の水田をまっしぐらに進んでいく。冬になると地吹雪が吹き荒れる区間で「これが地吹雪の写真」とストーブ列車のアテンダントが真っ白な紙を見せて笑いをとるところ。毘沙門駅はそんな水田に浮かぶ島のような森にホームをおく。やがて静かな集落に入ったところが**嘉瀬駅**だ。ここにも津軽飯詰駅と同形の木造駅舎があり、留置

津軽五所川原駅（右）と本社　昭和31年

津軽五所川原機関区　昔ながらの駅構内

十川駅　昭和36年駅開業

嘉瀬駅　平成16年無人化

された廃車のキハ22は香取慎吾によるらくがき風イラストが描かれている。この嘉瀬の集落は馬肉が美味しいところ。ふたたび水田を越えていくと津軽鉄道沿線で最も大きな町、金木に着く。駅構内には現役としては日本唯一の腕木式信号機が健在で、ほとんどの列車はここで列車交換を行う。駅舎ホーム側の信号てこ操作や上下列車のスタフ交換は必見。**金木駅**は平成15年（2003）にコンクリート駅舎に改築され、2階の食堂は十三湖で採れた「しじみラーメン」が名物。太宰治の生家、斜陽館は徒歩10分だ。

芦野公園駅　現在使用中の駅舎

川倉駅　水田の中の駅、待合室のみ

大沢内駅　昭和42年改築

津軽中里駅には木造車両庫が残る

桜の名所、芦野公園は芦野湖という貯水池の湖畔を開発した県立公園。かつての**芦野公園駅舎**はカフェに転用され、コンクリートの新駅舎（といっても古いが）が横に並ぶ。桜はかなり老木になっているので、木の更新も行われている。また芦野公園には児童動物園があり、なぜか北海道のヒグマも飼育されている。一般の観光客はこれ以北にはなかなか訪れないが津軽鉄道はまだまだ続く、水田のなかにたたずむ**川倉駅**はホームと小屋だけの簡素な駅。**大沢内《おおざわない》駅**には有人駅時代の平屋の駅舎が現存。このあたりから見る岩木山は山頂が尖ってまことに美しい。そして、駅名が悲観的と話題になることが多い深郷田《ふこうだ》駅は物置きのような小屋が待合所になっている。

津軽五所川原から20・７㎞の終着駅、**津軽中里駅**は北津軽郡中泊町の役場がある町。砂丘を削ったところに車止めをおく駅構内には細長い機関庫や、昭和５年開業以来の転車台が残る。ストーブ列車が到着すると構内でディーゼル機関車の機回しが行われ、厳冬期は心揺さぶられる鉄道風景が展開する。駅舎はスーパーマーケット併設のコンクリート建築だったが、店舗撤退により交流施設になっている。駅頭から本州の日本海側さいはての漁港、小泊まではバスで連絡。この小泊に揚がる肉厚のイカがストーブ列車で焼かれるスルメになる。このイカはふるさと納税の返礼品になるほどの名物だ。駅から徒歩20分だが中泊町役場に併設の「中泊博物館」には津軽森林鉄道の歴史や、機関車も展示されている。

津軽飯詰駅　津軽の風土を語りかけてくれる無人駅

まだ有人駅だった頃の初夏、津軽飯詰駅を訪ねたことがある。当時はここで列車交換が行われ、裸電球が灯るホームで旗をもった駅員が安全確認をしていた。そして駅舎に戻るとおおきな音を立てて信号てこを切り替えた。まだワイヤーで連結する腕木式信号機があり、前の水田からは盛大にカエルの鳴き声が聴こえていた。

駅舎は木造平屋だがグリーンのトタン屋根にピンクの壁、玄関のひさしにはタイルを貼った柱が出迎える。簡素でありながら、この明るさはなんだろう。筆者が子供の頃（つまり昭和30年代）に都市の郊外に建てられた文化住宅の香りがこの駅舎にも感じられた。待合室は広く、その昔は大勢の乗客がいたことを伝えている。

津軽飯詰駅が無人化されたのは平成16年（２００４）11月10日のこと。これにより津軽五所川原～金木間が1閉塞となり、列車の運転本数も一挙に減った。それでも使われなくなった交換設備はそのまま残り、平成30年（２０１８）の夏から旧事務室が「津軽鉄道飯

津軽飯詰駅　駅舎は博物館としても利用されている

詰駅博物館」になった。ここは毎月第３日曜日に公開されるという。

津軽鉄道にはこのような文化住宅スタイルの駅舎が嘉瀬駅や大沢内駅にもあって、ほぼ同じ時期に改築されたようだ。駅構内はかなり広く、交換用のレールや台車や資材倉庫もあって、ここが保線関係の基地であることがわかる。駅の東側はさえぎるものがない津軽平野で、真冬のストーブ列車に乗ったとき、雪に埋もれた駅舎から吹雪に抗して体を斜めにした客が連結するディーゼル気動車に乗り込むところを見たことがある。

夏の明るさと冬の厳しさが津軽人の気質と風土を作る、それを教えてくれたのが津軽飯詰駅だった。

芦野公園駅 「津軽」の舞台になった駅は喫茶店として再生

津軽鉄道で唯一、昭和5年（１９３０）開業時の駅舎が残るのがこの旧芦野公園駅舎だ。「旧」と書いたのはすでに昭和50年（１９７５）に、隣にコンクリート造りの新駅舎が建てられ駅としての役割を終えたからだ。とはいえ駅舎はその後も飲食店として使われ、その店も閉まったあとはなかば放置されていた。

平成19年（２００７）、この建物に目をつけた地元のＮＰＯ法人が手作業で修復し、やがて旧駅舎の雰囲気を生かした喫茶店「駅舎」として復活した。あらためて旧芦野公園駅を見ればとても複雑で不思議な造りであることがわかる。駅頭全面を雨除けにするように裳階《もこし》屋根を設け、その上にひとまわり小さな半切妻屋根を載せている。そして玄関の上にある腰折れ破風が絶妙なアクセントになっている。ちょっと見れば、アメリカ南部のコロニアル風バルコニーにも見えるが、この屋根は雪深い津軽の知恵なのだ。かつては大荷物を抱えた客がここで雪を払った。

昭和19年（１９４４）に芦野公園駅を見た太宰治は小説「津軽」のなかで「踏切番の小屋くらゐの小さい駅」と書いた。そして、両手に荷物をさげた少女が口にくわえたきっぷ

(旧) 芦野公園駅　昭和５年開業時から

を、美少年の駅員が、熟練の歯科医のようにパンチをいれたとリリカルに書いた。まぎれもなくこの旧駅舎がその舞台だった。それから10年後の昭和29年、この芦野公園は全国でも珍しい女性駅長がいることで有名だった。その当時の写真を見たことがある。幼い子供を遊ばせながら、駅に住み込んで働く若い母親のうしろにも旧駅舎があった。

喫茶店「駅舎」にはかつて改札口だったホームに通じる出入り口がある。すっかり地元の人気カフェになった店だが、名物の「駅舎珈琲」を味わいながら窓越しに列車を見ていると時を忘れそうになる。時間に余裕をもって訪ねたい芦野公園駅だ。

山形鉄道フラワー長井線【赤湯〜荒砥】

さくらんぼの里に新旧の駅舎が続く

温泉で知られる赤湯から奥羽本線と別れ、最上川沿いに北上するフラワー長井線。映画「スウィングガールズ」（２００４）の舞台になり、うさぎ駅長（宮内駅）などでどちらかといえばキャラクター的に話題になった鉄道だが、その路線の中心地は長井市の市街だ。この盆地で飯豊《いいで》山地と朝日連峰からの水流が合流して水かさを増し、最上川となって流れ下っていく。江戸時代、米沢藩主の上杉鷹山が縮織工場を設け、織物や製糸紡績品を最上川の水運を利用して上方に運んだ。このため今でも立派な商家や紡績工場の跡が残るちょっとした町だ。しかし奥羽本線から離れていたため、大正3年（１９１４）に連絡のために国鉄長井軽便線が設けられた。それ以来長井線は置賜《おきたま》地方の足として走り続け、各所に重厚な駅舎や、風雪を経た木造駅舎が見られる路線になった。

大正時代に制定された鉄道敷設法別表には「山形県左沢《あてらざわ》ヨリ荒砥《あらと》ニ至ル鉄道」とあり、世が世ならば奥羽本線と並行して最上川沿いを進む鉄道になったかもしれない。この国鉄長井線は昭和63年（１９８８）にＪＲ東日本から山形鉄道に移管され、第三セクター鉄道フラワー長井線として開業する。全線非電化で途中の今泉駅～白川信号場間でＪＲ米坂《よねさか》線と線路を共有するが、ここから先は絵にかいたような盲腸線だ。それでも「フラワー」の名前どおり沿線に桜の名所が連続する、駅めぐりは春がいちばんの鉄道だ。

フラワー長井線・駅舎旅

建築家、鈴木エドワードによる超斬新な駅舎のＪＲ赤湯駅東口だが、フラワー長井線は駅西口に小ぶりなログハウスの駅舎を構えている。地理的にいえばこの赤湯駅がある南陽市は米沢盆地の北端にあり、最上川のひとつ下流になる長井市の盆地とは白鷹丘陵からの尾根に隔てられている。フラワー長井線はいったん白鷹丘陵まで北上したあとに東に向きを変える。その場所にあるのが「うさぎ駅長」が勤務する**宮内駅**だ。そして次のおりはた駅は昭和34年（１９５９）に西宮内として開業した単式ホームの駅。周囲は名物のさくらんぼ果樹園が集まり、６月になるとホームに届きそうなところにもおいしそうな赤い粒が実るが、勝手に手を伸ばしてはならぬ。ちなみにおりはた駅はあの「鶴の恩返し」伝説が伝わる鶴布山《かくふざん》珍蔵寺の最寄り駅だ。続く梨郷《りんごう》駅は大正２年（１９１３）開業時に一時的に終着駅だったところ、その頃の駅舎はすでになくログハウス状の待合室が建つ。線路は西に向かい最上川を渡る。このあたりではまだ最上川もそれほど大河ではないが水量は豊かだ。しばらく先の水田の中に集まった集落のところに、枯れ切ったたたずまいの**西大塚駅**がある。線路はそのまま西進し遠くに飯豊の山々が見えてくるころ、左手よりJR米坂線が合流して**今泉駅**に吸い込まれていく。現在はフラワー長井線がJR今泉駅に間借りする形だが、この駅は大正3年（1914）の長井線開通時に開業したもので、米坂線は大正15年（1926）になって米沢方向から延伸してきた。木造平屋の駅舎はその大正3年の長井線開業時のもの。あの宮脇俊三の自伝的物語「時刻表昭和史」に、終戦の玉音放送をこの今泉駅頭におかれたラジオで聞いた少年時代の情景が印象的に描かれている。

今泉駅から米坂線と線路を共用したフラワー長井線は約2km先の白川を渡ったところから北に向かって分岐する。広大な水田の中の時庭駅は平成2年（1990）にコミュニティセンター併設の駅舎に改築されている。列車はやがて市街地に入っていき、このフラワー長井線の本社駅にして置賜地方の中心都市の玄関、**長井駅**に着く。他の駅に比べて広い構内には車庫も設けられている。長井の市街地は北を流れる野川で途切れるが、その手前にあやめ公園駅がある。駅前にある県立長井工業高校のために平成14年（2002）に開設された新しい駅だ。また近隣の長井市あやめ公園では6月下旬になると１００万本の花菖蒲が咲く、さすがフラワー長井線だ。続く**羽前成田駅**も古色蒼然とした木造駅舎が残っている。国鉄時代からの防風防雪林を背に建つ駅舎の姿は見事だ。駅舎内にも国鉄時代の看板類がそのまま掲げられ、さながら古い日本映画を見るような駅だ。

これよりフラワー長井線は白兎《しろうさぎ》駅、蚕桑《こぐわ》駅という待合所だけの駅が並ぶ。それでも次の**鮎貝駅**は駐輪場からホームまで屋根が伸びる外見的にすこし変わった駅だ。その鮎貝駅か

今泉駅　大正３年開業時からの駅舎

長井駅　昭和11年２代目駅舎

羽前成田駅　大正11年開業時の駅舎

鮎貝駅　平成４年駅舎改築

ら終着の荒砥駅までの間に渡る最上川の鉄橋は、明治20年（1887）に東海道本線木曽川橋梁として架橋されたダブルワーレントラス橋で、長井線建設に合わせて移設されたもの。フラワー長井線のYR-800形気動車でも内径いっぱいのトラス橋で、上の桁が低く現代の電化路線では考えられないサイズだ。とはいえ132年を経た橋でも実用に耐えるのだ。その荒砥鉄橋は「国内最古の現役鉄道橋」として土木遺産に選定されている。終着の荒砥駅は平成2年（1990）に改築されたフラワー長井線のなかではいちばん立派な駅舎があり、交流施設のほか鉄道のミニ資料館もある。この荒砥駅から北で盆地は終わり、最上川が山地を割ったような長い渓谷に入る。鉄道敷設法に書かれた左沢までは約20㎞、実現したら車窓絶景の路線になったと思う。

宮内駅　うさぎ駅長がいる「東北の伊勢」の門前駅

赤湯を出た列車が初めて出会う、まともな駅舎を構えるのがこの宮内駅だ。そして駅名でも想像できると思うが、この駅は「東北の伊勢」として古くから信仰を集める熊野大社の門前町にある駅なのだ。以前、真冬にこの熊野大社を訪ねたことがある。宮内駅から雪

宮内駅　昭和11年改築

待合室は広い、うさぎは駅事務室にいる

道を滑りながら10分ほど歩くと神社の階段下に着く。そのときは凍った階段に恐れをなして参道脇にあった場違いなほど都会的なカフェ（icho café という）で温まっただけで駅に戻った。このときはなぜか、若い女性ばかりとすれ違って奇妙に感じたが「本殿の欄間にうさぎの像が三羽隠れていまして、見つけると幸せになれます」と宮内駅の若い女性駅員に教えてもらった。それにしても厳冬期にひとりでやってきて凍った階段を登り、幸せを呼ぶうさぎを欄間から見つけ出す根性はすごい。

列車を待つ間、駅事務室におかれたケージで遊ぶうさぎ駅長「もっちぃ」を眺めていると、わざわざ神社にうさぎを探しに行かなくてもいいのではないかと思ってしまう。

あらためて宮内駅を見てみよう。現在の駅舎は昭和11年（1936）に改築された、木造モルタル造りの長井線にしては大きな駅舎だ。切妻屋根の母屋から突き出た大きめな玄関ポーチが駅らしい構えだ。これを見ていると駅舎にとって玄関の重要性は大きいと思う。遠くから見ても「駅」だとわかり、誰でも利用できる安心感がその玄関から伝わってくる。そんな宮内駅舎は現在の利用者数に比べてかなり大きい。国鉄時代には熊野大社参拝の臨時列車も運転されるほどの駅だったからだ。戦前の紀元二千六百年祭（1940）のときに全国の有名神社の最寄り駅が改築された。宮内駅もその流れのなかで改築されたのだろう。駅前広場もあり、これを起点に二方向に通りが伸びていることにも駅の格を感じる。そんな宮内駅も平成10年（1998）に無人化され、平成22年（2010）にうさぎ駅長就任で再有人（兎）化された。ちなみにフラワー長井線にはその名も白兎駅があるが、うさぎを飼う場所はなく駅舎が大きいこちらが選ばれたという。

西大塚駅　有形文化財に登録された教科書どおりの駅

小さな集落に立ち姿のいい木造駅舎が残っている。建てられたのは開業時の大正３年（１９１４）とされているから、ちょうど東京駅の丸の内側赤レンガ駅舎と同じ頃である。それはともかく、玄関と改札口が一直線上にある駅本屋が気持ちいい。腰壁は立板、窓まわりは横板に覆われ白い漆喰の軒先には縦柱が浮き出す。小ぶりだがなかなか締まったプロポーション。このように駅舎は小さくなるほど中は明るい。構内は片面ホーム１面１線で、側面から見ると切妻の三角屋根のホーム側だけ軒を伸ばした形になっている。

「我邦鐵道小停車場本屋に於ては、入口に次で廣間を置き待合室兼用となし、其の一側に出札所及小手荷物取扱所之に隣接して驛務室及驛員詰所を設けることが通常」と大正５年（１９１６）に刊行された当時の鉄道駅の教科書、「鐵道停車場中編」（竹内季一著）に書かれている。西大塚に来ればこのとおりの駅舎が見られるのだ。

鉄道の駅舎は一度建てれば使えるだけ使うので、ローカル区間には文化財クラスの建物が時代を超えて残ることがある。考えてみれば、公共の事業でこれほどまで古い施設を現役で使うものは珍しい。壁がはがれ、戸板が朽ちても利用者はあまり文句を言わない。こ

西大塚駅　大正３年開業時の駅舎

れは鉄道の駅にそなわる徳なのだろう。気がつけば貴重な存在になり、この西大塚駅も平成27年（２０１５）に国の登録有形文化財になっている。また、その枯れたたたずまいが好ましく、鉄道写真家の米屋こうじさんがこの駅で写真展を開催したことがある。

　ところで西大塚駅の立地だが、今も駅前に数軒の家があるだけで少し歩けば最上川沿いの畑作地帯がひろがっている。古い地図を見ると南北に街道（現在は県道２４８号）が伸びていてこの西大塚駅のところで交差している。交通の要地に停車場を設けて産物を積み出していたよき時代の記憶が、この駅に漂っている。

第2章

関東

私鉄木造駅舎の展示場　上信電鉄【高崎〜下仁田】

上信電鉄は明治30年（１８９７）に軽便規格の上野《こうずけ》鉄道として開業、大正13年（１９２４）に軌間１０６７ミリの普通鉄道に改軌・電化も果たした。このため軽便時代の駅に電化後の施設が接ぎ木のように加わり、さらに戦後に改築された駅も多く、奥深い駅舎世界を造り出している。

もともとこの富岡から下仁田にかけての甘楽《かんら》郡、鏑川《かぶらがわ》流域は信州に通じる中山道の脇街道だった。しかも碓氷峠のような急坂の難所よりも歩きやすかったことから「姫街道」とよばれ、近世にかけては養蚕の一大産地になった。明治になって信越線が中山道に沿って通ったため、この富岡の養蚕地帯にも鉄道が求められたのだ。やがて軌間７６２ミリの軽便鉄道では貨物量の増加で輸送力の限界に達したのが改軌・電化の理由だった。しかし、軽便鉄道が普通鉄道になるにはトンネルの拡大や橋の架け替えなどが必要で小さな鉄道にとっては大事業だった。しかも目指した電化設備も架線電圧１５００Ｖと都市電鉄なみの規格だった。この電化のときに導入したシーメンス製電気機関車（デキ１形）と変電所の設備は、第一次世界大戦で敗戦国ドイツからの戦時賠償で手に入れたものもあるという。当時、ＧＥなどアメリカ製電気設備が主流だった日本国内でドイツ製は珍しかった。ともあれ高崎線や上越線では黒煙を吐きながら蒸気機関車が走っていた大正時代に、ローカル区間でありながら快適な電車が走った甘楽郡の人たちの鼻は高かったに違いない。この電化を機に上野鉄道は長野県までの延伸計画をたて、社名も上信電鉄に改称した。

しかし、どれほど本気で信州連絡を考えたかは定かではないが、株式募集の際は大風呂敷が必要だったのだろう。また信越線の補完路線として戦前には何度も延伸プランが考えられ、場合によっては上信連絡鉄道の夢が叶う可能性もあったという。それでも実際に「姫街道」に沿って国道254号線を上信国境の内山峠まで行ってみると、やはり鉄道では越えがたい急峻な高低差に圧倒される。碓氷峠のような国家的なプロジェクトでなければ鉄道は難しかっただろう。戦後はおもに西武鉄道の中古電車を走らせてきたが、ときどき思い出したように自社発注の電車（１０００形・６０００形）も投入し、平成25年（２０１３）には新型電車７０００形も登場させている。

駅舎の話に戻るが、明治にさかのぼる鉄道だけに古いものの記録は少なく、駅舎の建築年が定かでないものも多い。それだけにお宝がまだ潜んでいる鉄道かもしれない。

上信電鉄・駅舎旅

高崎駅の0番線ホームから上信電鉄の電車が発着する。ホームは1線2面の頭端式だが、その片面を使用、JRの旧1番線を借用する形だ。ちなみに現在、JR高崎駅に1番線はない。構内には車庫・検修庫もおかれ、古典的機関車デキ1形も留置されている。その高崎駅から3駅目の**根小屋《ねごや》駅**は木造平屋造りのなんとも愛らしい駅舎がたたずんでいる。駅開業は大正15年（1926）だが、現駅舎は昭和25年（1950）頃のものだという。全体に文化住宅風の構えだが、よく見れば軒先にクラシックな洋館風の造作も見えた。駅舎に住宅を増築したような生活感がこの駅舎の魅力だ。線路はここから利根川の支流、鏑川が作り出す谷に入っていくが、その谷の入り口にある**山名駅**は木造平屋、モルタル壁に下見板張りの腰壁を巡らすような洋館造り。ここから「掻き落とし」のモルタル壁が見事な**馬庭《まにわ》駅**、個人商店のような**吉井駅**、ホーム上に駅舎が建つ**上州新屋《にいや》駅**、なぜか駅頭に井戸がある**上州福島駅**と好感のもてる木造駅舎が打線の切れ目なく続く。そんな旧型駅舎と対象的なのが、世界遺産に登録された富岡製糸場の最寄り駅として平成26年（2014）に改築された**上州富岡駅**だ。建築家のコンペで選ばれた大胆なフラットルーフの現代建築も必見。続く**西富岡駅**はまちなかの郵便局かと思う構え、**上州七日市駅**は駅舎に住宅が合体したような建物で、地元の寄付により開設されたという。

　さて、富岡の市街地から一歩抜けたところに名駅舎、**上州一ノ宮駅**がある。変形切妻屋根に社紋入りのモルタル壁、全体にどことなく毛深い印象の洋館駅舎だ。すでに関東山地の山裾を分け入るレールの先に、上信電鉄の標準型ともいえる木造平屋の**南蛇井《なんじゃい》駅**があり、さらに山深い終着の**下仁田駅**に向かっていく。下り電車が最後の白山トンネルを抜け

根小屋駅　大正15年築、昭和25年増築

山名駅　明治30年頃の建物か、洋館風駅舎

吉井駅　昭和35年改修

上州新屋駅　昭和25年木造平屋

たとき、真正面に岩山が屹立する山脈が現れる。そして電車はゆっくりと終着駅の下仁田駅構内に入っていく。この鉄道は、まさに大山塊に突き当たって万事休し、白旗を掲げるように駅をおいている。鏑川の河岸段丘上に発展した下仁田の町は駅を慕うように家屋が集まり、今となってはちょっと懐かしい停車場と町の関係ができあがっている。そして周囲には日本ジオパークに認定されるほどの特異な山々がとりかこむ。鉄道の役割はここで終わり、後は各自の足で歩くべし。そう告げるような線路の終わり方も好ましい。

上州福島駅　明治30年、構内に変電所

上州七日市駅　昭和25年、社宅併設

南蛇井駅　明治30年頃、上州福島駅と同形

下仁田駅　明治30年か木造平屋

馬庭駅　「マニ高生」であふれる青春の駅

馬庭駅は文字でそのおもしろさを表すのは難しい。駅舎は線路と道路の間の狭い土地に建ち、上から見ると待合室と駅事務室の切妻がTの字形になる構造だ。道路側には本来の玄関のほかにもうひとつの出入り口が開き、また通常使われる改札口のほかに線路と平行方向にも臨時改札口がある。そこから構内踏切を渡って島式ホームに連絡しているのだが、増改築のためにオリジナルの姿の判別が難しくなっている。横長の駅舎は待合室、駅事務室、宿直室の順にならび、だんだん民家のような雰囲気になっていく。道路側の外壁はモルタルの「掻き落とし仕上げ」だが、いまではほとんどが下見板張りに

馬庭駅　昭和28年改修

改装されている。待合室に掲げられた戦時中の写真を見ると、駅舎外壁のほとんどが「掻き落とし」だった。それを見ると島式ホームは今より下仁田方向に長かったようだ。上信電鉄にある施設資料によれば建築年代は昭和28年（1953）とあり、推測するに大正時代の駅舎をこの年に手直ししたのかもしれない。ともあれ、待合室にいてもホームに出ても適度に狭いヒューマンスケールのサイズは居心地がいい。そのためか、最寄りの県立吉井高校の生徒たちは自らを「マニ高生」と呼ぶ。午後の下校時、高校生にあふれる馬庭駅は青春の駅となる。

上州富岡駅　若き建築家が手がけた新しい駅の姿

私たちがもっている鉄道駅舎の保守的な概念を、気持ちよく崩してくれるのが上州富岡駅だ。富岡製糸場の世界遺産登録に合わせて、最寄りの上州富岡駅舎の改築にあたって行われた設計のコンペで応募359件のなかから選ばれたのが全長90mのフラットルーフをもつこのプランだ。武井誠＋鍋島千恵という1970年代生まれの設計者によるもので、初めて見たときは屋根というより航空母艦を連想してしまった。

上州富岡駅　平成26年改築

建築家起用による大胆な造形だ

そのフラットルーフの下に駅事務室や待合室、改札口、観光案内所、トイレ、駐輪場などを一列にならべ、床と壁面を濃淡のある薄茶のレンガで埋め尽くしている。このレンガは富岡製糸場の木骨赤レンガ構造をリスペクトしたものといい、駅舎ではアンバー系のレンガを使っている。興味深いのは同じレンガを駅前広場の床にも使っていることで、駅舎というより駅前空間を意識した総合的なリニューアルになっていることだ。駅前の歩道をさがって全体を見渡せばフラットルーフが天地を分け、さまざまな駅施設の上にも空間があいて、やってくる電車が劇場の背景のように見えた。

ところで構内の島式ホームには古レールを使った約40ｍにおよぶホーム上屋が残されている。これだけ見ても貫禄充分だが、赤く塗られたその屋根が白いフラットルーフと艦隊のように並んでいるのもおもしろい。ちなみに駅舎改築の予算は２億５０００万円で平成26年（２０１４）に竣工、駅舎としては３代目にあたる。

上州一ノ宮駅　貫前神社参拝のお召列車も発着

高崎から電車で約40分、群馬で信仰を集める上州一宮の貫前《ぬきさき》神社最寄りの地に古い駅舎が残る。この上州一ノ宮駅は急傾斜の変形切妻屋根をもつ洋館駅舎だ。その変形切妻の傾斜の途中に段がつき、独特のアクセントをつけている。ハーフティンバーの壁も掻き落としのモルタルで、玄関の上には社紋ががっちりと埋め込まれている。そんな他にはない要素が加わって駅にはただ者ではない存在感が漂う。上信線にとっては富岡製糸場の世界遺産登録以前は、沿線一の観光駅だったからだろう。線路は富岡の平野がようやく尽きた鏑川の河岸段丘上にあり、ホームからは上毛の山々がいい感じに見渡せる。

上州一ノ宮駅　大正13年改築

駅の歴史を見ると明治30年（１８９７）の路線開通時に上野鉄道一ノ宮駅として開業、大正10年（１９２１）に上州一ノ宮に改称、大正13年（１９２４）に改軌。実際のところ駅舎が開業時のままか定かではないが、昭和９年（１９３４）11月17日に昭和天皇の貫前神社参拝が行われ、上州一ノ宮駅まで12号御料車（さいたま市の鉄道博物館に展示）を連結したお召列車も運転された。その折になんらかの改修があったかもしれない。記録によれば昭和25年（１９５０）には屋根をスレート瓦に変えている。昭和48年（１９７３）に自動信号化される以前は駅員も７名いてタブレット交換や集改札を行っていた。平成14年（２００２）に駅職員を委託化、以前は貫前神社からしめ縄を授かって駅頭に掲げていた。

居心地のいい駅舎が山奥まで続く　秩父鉄道【羽生～三峰口】

「関東の三大いい駅舎私鉄」と勝手に私が呼んでいるのが上信電鉄、小湊《こみなと》鐵道、そしてこの秩父鉄道だ。いずれも駅舎が画一化する昭和30年代以前の木造駅舎が数多く残っている。なかでもこの秩父鉄道は路線距離が羽生《はにゅう》～三峰口間71・7㎞もあり、これは大手・準大手の神戸電鉄（69・2㎞）、山陽電鉄（63・2㎞）を凌ぐスケールだ。特筆すべきは全36駅すべてが有人駅であること、また全駅で硬券の入場券を販売している。最近では曜日によって無人化する駅もあるが、各駅できっぷ扱いをするのでワンマン運転でもスムーズだ。もうひとつの特徴に、今も石灰石輸送の貨物列車が頻繁に運転されていることだ。このため駅構内の有効線長も長く、それが各駅に独特の存在感を与えている。

秩父鉄道は明治34年（１９０１）の上武鉄道による熊谷～寄居《よりい》間の開業に始まる。大正11年（１９２２）に羽生～熊谷間を開通させていた北武鉄道を合併し秩父鉄道に統合、昭和5年（１９３０）には三峰口まで開業し現在の秩父鉄道本線が全通する。これと並行して秩父鉄道の経営陣も参加して秩父セメントを創業、良質な石灰石が採れる武甲山の採掘現場から積み出した石灰石を輸送することを鉄道経営の柱にして発展してきた。

大正から昭和にかけては関東大震災もあって耐火・耐震性にすぐれたコンクリートの需要も高まり、浅野セメント・小野田セメントに伍して秩父セメント（現・太平洋セメント）も大企業の仲間入りをしていく。ちなみに同じ時期に浅野セメントも五日市鉄道（JR五日市線）や青梅鉄道（JR青梅線）に関与して石灰石を運んだ。石炭にせよ石灰石にせよ、原料が重くてかさばる鉱工業にとって鉄道が不可欠だった時代だ。

そんな秩父鉄道の電気機関車に取材で同乗したことがある。単線に普通列車のほかに急行やSLもやってくる。その複雑なダイヤを走る貨物列車の機関士は「列車交換が多く徐行運転ばかり、少しでも走りすぎるとATSが作動して停止してしまう。そこから20両連結1000トンの列車を再発進させるのは大変」と話していた。秩父鉄道ではかつて三峰口駅発の貨物列車も毎日運転され、鉄道全体では日に40本もの貨物列車が走っていた。ときには電車より貨物を優先させて走らせたこともあったという。昭和50年代まで秩父鉄道の貨車保有数は私鉄では全国一を誇り、年末になると全国から戻ってきた貨車で各駅が埋め尽くされた。ともあれ、秩父鉄道の駅舎はバラエティに富んでどの駅も楽しい、しかも昭和前期のものがしっかりと現役で使われている。何回訪ねても新しい発見がある鉄道だ。

秩父鉄道・駅舎旅

東武伊勢崎線の羽生駅から秩父鉄道の駅舎を見る旅を始めよう。橋上駅である羽生駅の4・5番線が秩父鉄道のホームになっている。ところで東武線にも4番線があるので間違えないように。ややそっけない橋上駅の西羽生をすぎれば、改札口と出札口だけに屋根をつけた昭和ムードの**新郷駅**が現れる。次の**武州荒木駅**はやや大きめな平屋の駅舎、おそらく戦後に改築された中間駅のよう、ホームは1面2線だがほかに1線の側線がある。このあたりは関東平野のまっ平らな大地を進んでいく。東行田駅は駅事務室や改札口をまるごと覆う波型スレート屋根になっている。昭和50年代に倉庫などに使われ、その後アスベストの含有などで問題になった建材だ。ちなみに壊さない限り危険はないという。

忍《おし》城の城下町行田の市街地にある行田市駅は橋上駅舎、街なかにありながら構内は広い。次の**持田駅**はおそらく大正13年（1924）、旧北武鉄道開業時からの木造駅舎が建つ。寄棟の瓦屋根が東武鉄道の古い駅舎に似ている印象だ。平成29年（2017）の新設駅ソシオ流通センター駅をすぎればJR高崎線・上越新幹線と接続する熊谷駅だ。

歴史的に見ればここからが旧上武鉄道による開業区間だ。ホームはJR線の西側にあり、ここからＳＬ列車「パレオエクスプレス」も発車する。次の**上熊谷駅**はまだ高崎線との併走区間、上越新幹線の高架下に地上駅舎を構えている。ここは昭和58年（１９８３）に廃止された東武熊谷線と共同駅だった。次の**石原駅**もまだ新幹線高架の脇にあり、フラットルーフの戦後モダンスタイルの立派な駅舎がある。ひろせ野鳥の森駅は荒川北岸にある自然公園に隣接するログハウスの駅舎。**大麻生駅**には寄棟瓦葺きの古色蒼然とした木造駅舎が残る。ひょっとすると明治34年（１９０１）開業時の駅舎か、島式ホームのほかに広く長い留置線もあって貨物列車の交換可能の設備をもつ。その先の明戸《あけと》駅はプレハブ風駅舎、武川駅には電気機関車の車庫もある運転上の重要駅で２階建てコンクリート駅舎の直営駅だ。ここから貨物線の三ヶ尻線も分岐する。永田駅は簡素な平屋の駅舎、ふかや花園駅は秩父鉄道でいちばん新しい平成30年（２０１８）開業、駅前の造成地にアウトレットができる計画という。

私鉄駅らしい簡素で実用的な構えを見せるのが**小前田駅**、木造寄棟の駅舎に鉄柱の大きなルーフが改札口を覆う。次の**桜沢駅**は平成元年（１９８９）に新設された駅で、線路をまたぐ巨大な跨線橋が目立つ異形の駅。両側に小・中学校があり、生徒に踏切を絶対渡らせない意思を感じさせる。東武東上線、ＪＲ八高線と接続する寄居駅は３社共同の橋上駅。

石原駅　戦後国鉄スタイルの駅舎

大麻生駅　明治34年開業時の駅舎か

小前田駅　ホーム上に駅舎、本屋は古い

桜沢駅　平成元年開業、跨線橋が立派

会社ごとに計3面6線のホームをもち、改札内で乗り換えができる。ここは桜沢駅と同じく駅舎よりも跨線橋が立派な駅だ。さて、ながらく関東平野を走ってきた秩父鉄道もこの寄居からは荒川の渓谷沿いを進むことになる。駅舎めぐりはここからが本番だ。

波久礼《はぐれ》駅は文化住宅のような切妻屋根に下見板張りのこぢんまりとした駅舎。それから国道とともに荒川沿いを進んだところに**樋口駅**がある。ここは急流が迫り駅舎を構える敷地もなく、ホーム上の小屋で改札を行う秩父鉄道では珍しい形式の駅だ。その先の**野上駅**

はようやく長瀞町の平坦地に出たところにあり、駅舎は平凡だが天井の高い木造モルタル建築で隣にはいくつもの作業小屋が並ぶ実用の駅。逆に次の**長瀞駅**は荒川の景勝地や宝登《ほど》山《さん》を控えた観光の駅、多宝塔を模したという方形の屋根をもつ名駅舎はいまも健在だ。

長瀞駅から１・１km先にはかつての長瀞観光の下車駅だった**上長瀞駅**がある。秩父鉄道には異例なほど国鉄っぽい構えの駅舎があって駅前の広場も広い。列車はここから絶景ポイントの荒川鉄橋（親鼻鉄橋《おやはな》）で荒川を渡る。全長１５３ｍの線路むきだしのプレートガーダー橋はスリル満点だ。そして大きくカーブした先に**親鼻駅**がある。旧駅舎に山荘風の待合室を増築したようなちょっと変わった駅舎だ。そして**皆野駅**《みなの》、**和銅黒谷駅**とおそらく大正時代の開業時からの木造駅舎が続く、駅舎好きには必見の両駅舎だ。

やがて車窓に秩父太平洋セメントの大工場が見えたら大野原駅は近い。駅舎はフラットルーフの鉄骨建築だ。そして**秩父駅**は秩父地域地場産業振興センターという長い名前の直売所も兼ねたビル形式の合築駅、近隣に「秩父夜祭」で知られる秩父神社がある。ところで、個性的な洋館だった旧秩父駅舎は市内の聖地公園に移築されている。

古くからこの秩父駅が秩父地方の中核駅だったが、今では次の**御花畑駅**が西武秩父駅との接続駅として多くの乗降客を集めている（徒歩５分だが）。それでも狭い市街地に強引に作ったような駅舎が楽しい。次の影森駅は旅客駅というより、武甲山（１３０４ｍ）で採掘される石灰石輸送のための基地として貨物列車の始発駅になっているところ。近年駅舎が解体されホーム上に旅客駅業務が集約されている。

浦山口駅は荒川の支流、浦山川を渡る築堤上に設けられた駅、桜が植えられた坂の上に簡素な平屋の駅舎がたたずんでいる。コンクリート平屋駅舎の**武州中川駅**は隣の公衆トイレのほうが立派な感じ。次の**武州日野駅**は大屋根の山荘風駅舎が好ましい。すでに山あい

樋口駅　ホーム上に簡素な駅舎が

上長瀞駅　ブロック造りの駅舎

皆野駅　大正３年開業、駅舎も古い

御花畑駅　西武秩父線と構内で接続

の河岸段丘をつなぐように進む線路は旧秩父街道に沿って白久《しろく》駅をおいている。ここは秩父鉄道各駅の中で最も乗降が少ない駅だという。それでもトタン張り大屋根の白久駅舎から山里の展望もよく、居心地がいい。

終着の**三峰口駅**は、線路がついに荒川の渓谷にはばまれた平地に駅舎と広い構内を構えている。立ち姿のいい木造駅舎は昭和5年（1930）からのもの。駅舎裏手にある秩父鉄道車両公園では転車台でのSLの方向転換を見ることができる。

長瀞駅　明治末、開業当時の駅舎が現存？

秩父鉄道の駅舎を語るとき、この長瀞駅舎を第一にあげなくてはいけないだろう。宝登山神社と長瀞渓谷という名勝の玄関として、赤いピラミッドのような方形屋根とリズミカルな柱をならべた木造駅舎が迎えてくれる。柱が壁に浮き出るハーフティンバーのため洋館建築にも見えるが、よく見れば屋根の頭頂部には簡素だが、宝珠《ほうしゅ》も飾られている。おそらく、はじめから観光を意識してこのようなスタイルになったのだろう。ちなみに駅舎でこのような方形屋根をもつのはきわめて少ない。

長瀞駅　明治44年開業時は宝登山駅

ところで、この長瀞駅の建築年代がいまひとつはっきりしない。歴史をたどれば明治44年（1911）に宝登山駅として開業し大正12年（1923）に長瀞に改称している。昭和3年当時の写真を見ると以前の屋根はスレート葺きのようだ。秩父鉄道では大正3年（1914）に建てられた旧秩父駅舎もこの長瀞駅に似たデザインの駅舎だったことから開業時からのものである可能性もある。

さて、もともとは宝登山神社参拝の地だった土地に長瀞観光が加わったきっかけは明治11年（1878）にドイツの地質学者、ハインリッヒ・エドムント・ナウマンが長瀞の岩畳で結晶片岩を発見したことによる。これをきっかけに彼は日本を南北に分ける巨大断層をたどり中央構造線と命名した。そして長瀞もまた天然記念物に指定される。

まだ宝登山駅だった大正5年（1916）には、この駅を盛岡高等農林学校の学生たちが地質調査で訪れた、そのなかのひとりが宮沢賢治だった。かつてナウマン博士が「地球の窓」と名づけた荒川の河岸段丘上に、この長瀞駅はある。

三峰口駅　SLも水を飲む山里の終着駅

昭和5年（1930）に開通した三峰口駅は、その当時のままの瓦屋根の駅舎が使われ終着駅らしい貫禄を漂わせている。玄関には青地に白文字の国鉄スタイルの駅名看板が掲げられ、木造の長い屋根が駅舎本屋から臨時の集札口にかけて伸びている。ホームは2面3線の通過線形配置で、かつてあった延伸計画にも対応できるようになっている。駅員は4名、ほかに検査係や運転士などが構内にいる。構内には何本もの留置線があって、その1本は〃洗い場線〃という車内清掃用だ。駅の標高は316m、起点の羽生からはちょうど300m登ったところにある山里の終着駅だ。このため「大きな猿がヒマワリを引っこ抜いた」「ホームをイノシシが歩く」（駅員の話）など野生動物の話題は尽きない。そんな

三峰口駅　開業時の駅舎、奥秩父の玄関

駅でも「乗りすごし客の世話や忘れ物の回収など」終着駅ならではの仕事も多いという。

駅裏にはかつて活躍した電車や機関車を展示する「秩父鉄道車両公園」があったが展示車両の老朽化で令和元年（２０１９）に全車両が解体された。秩父鉄道創業時に輸入されたアメリカ製のデキ１形電気機関車など貴重な車両があっただけに残念だ。また休日に運転される「パレオエクスプレス」のＣ58はこの駅で水を補給する。下流の秩父市は石灰岩地帯のためカルシウム分が多い硬水で、パイプに付着すると熱効率が悪くなる。三峰口の水は軟水で、機関車も人が飲んでも美味しいのだ。

規格型の木造駅舎が風景を作る　ＪＲ内房線【蘇我～安房鴨川】

東京２０２０オリンピック・パラリンピック開催のタイミングで、すさまじい勢いで改築がすすんでいる首都圏のＪＲ各駅にあって、古びた木造駅舎が今も普通に見られるのが房総半島の西岸を南下する内房線だ。全線にわたって海沿いを走る路線で、各所に長年の海風にさらされて枯れきった駅舎が陽光あふれる中にたたずんでいる。とにかく房総沿岸の駅は明るいのだ。そして房総半島は巨大だ、関東近郊にある「半島」のなかでも最大で、内房線だけでも全長１１９・４㎞もある。ちなみに外房線（安房鴨川～千葉）も93・３㎞あり、鉄道で一周すると２００㎞を超えるスケールをもつ。おそらく駅舎改築の熱意と予算が、その巨大さ故に後回しになっているのではないか、のんびりと内房線の電車の乗っているとそんな気になってしまう。

内房線の基本的なスペックは蘇我～安房鴨川間に30駅あって、このうち10駅が開業以来の木造駅舎だ。そして君津以南が単線電化、平日はその君津駅まで東京駅から特急「さざなみ」が連絡する。開業は明治45年（１９１２）の蘇我～姉ケ崎間に始まり大正８年

（1919）に安房北条駅（現・館山駅）、そして大正14年（1925）には安房鴨川まで全通した。この15年間に部分延伸はなんと10回に及ぶ。ほふく前進のように伸びていったレールと同様、路線名も木更津線、北条線、房総線、房総西線とたびたび変わり、昭和47年（1972）からは現在の内房線となった。

思いおこせば小学生だった昭和36年の夏休み、家族旅行で房総を旅したとき浜金谷駅（たぶん）で、兄と客車の窓から乗り込んで座席を確保した。そのとき生まれて初めて蒸気機関車を見て仰天した思い出がある。非電化路線がまわりになかった横須賀育ちにとって、黒煙を吐いて驀進する機関車は驚異の乗り物だった。そして当時の線名は房総西線だった。蒸気機関車の旅は安房小湊まで続き、子供心にものすごく長距離を移動した思いがあった。この路線の無煙化は昭和44年（1969）になってからで、関東地方ではかなり遅いほうだ。

このように房総半島は外周部を結ぶ内房線と外房線、そして内陸に線路を伸ばす久留里《くるり》線や小湊鐵道といすみ鉄道と、古きよき駅舎が普通に見られる鉄道の小宇宙を作っている。ただし傑出した名駅舎はなく、ひたすら同形の駅舎が並ぶのも房総駅舎の特徴だ。内房線では駅舎ではなく、「駅舎のある風景」を楽しむのがいいと思う。

JR内房線・駅舎旅

起点の蘇我駅は、京葉線と外房・内房線が接続する駅として千葉駅を凌ぐターミナルになっている。内房線はこれより9駅先の君津まで京葉臨海工業地帯の内陸部を進むことになる。この間、ひたすら橋上駅舎がならび、そして西側には遠く近くに連綿として大工場が続く。そんななかで、**袖ケ浦駅**は円形の造形的な駅に改築されている。今では想像もつかないが「日本鉄道請負業史」によれば、このあたりは海岸線に近く、波浪により橋梁の基礎部分の流失で資材の損失も多かったという。

風景が変わったのは昭和25年（1950）に制定された国土総合開発法で、京浜地区に集中していた工場群を千葉沿岸にも分散しようという国家的プランだった。その第1弾として川崎製鉄（現・JFEスチール東日本製鉄所）が蘇我沖に移転し、昭和32年（1957）には東京電力千葉火力発電所も稼働。それからの高度経済成長期に続々と沿岸部が埋め立てられ、石油化学系を中心にすさまじい規模の工業地帯が出来上がっていく。

それでも、アクアライン連絡道に近い木更津市の**巌根**《いわね》**駅**に、今も瓦屋根の木造駅舎が残っている。昭和16年（1941）、近隣に第二海軍航空廠《しょう》（現・航空自衛隊木更津分屯基地）が開設されたことから設けられた駅だった。余談だが、かつての欧米諸国では軍が飛行機や軍艦を調達する時は造船所や自動車などの企業に開発させ、発注していた。しかし農業国だった日本では民間に軍の要求を満たす能力がなかった。そこで設立されたのが陸海軍の「工廠」で、先進的な技術開発や生産を行っていた。つまり帝国陸海軍は自ら兵器をつくりながら戦っていたのだ。臨海工業地帯といい航空廠といい、国策に協力しながら列車を走らせてきた内房線は、**木更津駅**に昭和45年（1970）竣工の国鉄モダニズム

袖ケ浦駅　平成26年新駅舎に改築

巌根駅　昭和16年新駅として開業

大貫駅　大正４年の駅舎、戦後改修

上総湊駅　大正４年開業時の駅舎

スタイルの駅舎を構えている。続く君津駅までが複線区間で、これ以南は昔ながらの内房線が始まる。木造駅舎の**青堀駅**は大正４年（１９１５）に建てられた１００年駅舎だ。以前は富津海岸の海苔の産地で、江戸前すしの海苔はこの青堀産が最上とされていた。

これより**大貫駅**、**佐貫町駅**、**上総湊駅**と、木造平屋の雰囲気のいい駅舎が連続する。すでに市街地を離れた沿線は山と海と、ときおり現れる集落が入れ替わりに車窓に展開する。待合室に改築された竹岡駅をすぎると、にわかに山と海岸の間を進む渚の路線になる。ここは房総半島屈指の山岳地帯が東京湾に接するところ。正面に岩場で有名な鋸山《のこぎりやま》が見えてくると**浜金谷駅**だ。ブルーの屋根瓦をもつ大正13年（１９２４）の木造駅舎が残る。その先の明鐘《みょうがね》岬をトンネルで抜けて**保田《ほた》駅**、**安房勝山駅**と木造駅舎が連続する。この一帯は保養所や夏の臨海学校などで行ったことがある人も多いと思う。

初夏になると房州びわが駅前の土産物屋にならぶ岩井駅は平成９年（１９９７）に新駅舎になった。富浦駅も平成７年（１９９５）に改築され一種奇妙な駅舎になった。でもその次の**那古船形《なこふなかた》駅**は町外れに静かなたたずまいの木造駅舎を残している。南房総屈指の町、館山市にはかつては北条という地名もあった。開業時は安房北条駅だった館山駅は平成11年（１９９９）に駅舎改築、先代の「赤レンガの東京駅を真似た」という大柄な木造駅舎を知る人も少なくなった。

内房線はこれより房総半島南端を避けるように方向を変えて太平洋岸に向かう。その間の九重《ここのえ》駅は待合所に改築、**千倉駅**は平成19年（2007）にコンクリート製の個性的な駅舎に改築された。そして待合所だけの千歳駅のあたりから花栽培の農場が見えてくる。屋根にソーラーパネルを載せた駅舎に改築された南三原《みなみはら》駅をすぎれば「クジラをイメージした」という和田浦駅、そして**江見駅**、**太海《ふとみ》駅**と連続で木造駅舎が現れる。いずれも駅前か

安房勝山駅　関東大震災で改築か

那古船形駅　初代は関東大震災で倒壊

江見駅　大正11年開業時の駅舎

太海駅　大正13年開業時の駅舎

ら海に向かって町並みが続くのどかなところ。太海駅前にはおおきなシュロも植えられて南国の気分がたかまる。そして急峻な海岸地帯から平野に入ると南房総のリゾート地、安房鴨川駅は近い。

木更津駅　新幹線駅の影響を受けた？　昭和のモダン駅舎

今までこのような駅舎は鑑賞の対象外だった。しかし元号も変わり、昭和が遠くなった今、あらためて見れば美しさを感じさせるデザインだ。木更津駅西口駅舎は昭和45年（1970）に竣工、鉄筋コンクリート3階建てで縦の仕切りをずらりと並べ、28の同形窓を上下2段にした横長の駅舎に仕上げている。この駅は久留里線も分岐するターミナルだけに、当時としてはかなり先進的な駅舎だったと思う。ちょうどこの時代は東海道新幹線の隆盛期で、その駅舎も長大な高架ホームを覆う防風スクリーンが駅舎のファサードになっていた。新幹線の登場で、駅舎がとつぜんでかくなったのだ。そして宿命的に横長になる駅をどうデザインするか、という命題は今も解決されてはいない。

木更津駅は高架駅でもなく、横長にするべき理由もなかったと思うが、新幹線建築の流

木更津駅　小窓の列をならべたデザイン

行が影響を与えたのか。はたまたル・コルビュジエを源流とする国鉄モダニズムの中に現れた、深川駅（昭和35年）や大館駅（昭和30年）、新宮駅（昭和27年）といった「横長駅」族の末弟として上総の地に降臨したのか、このあたりは興味が尽きない。

さて、木更津駅西口駅舎のサイズを見れば左右40mほどでそれほど大きくはない。実際の駅舎はこの建物の奥にある橋上部分に集約され、今では隣にできた駐車場のビルのほうが目立つぐらいだ。それでも写真に撮ると大きく見える。なぜか、いい駅舎は実際よりも大きく見えるものだ。願わくは、この美しさのために窓にかかるスダレやポスターをはずして、元の姿にもどしてほしいと思う。

浜金谷駅　内房線木造駅舎共通の青瓦

浜金谷駅

関東大震災で再建された山と海が見える駅

内房線木造駅舎のひとつの標準形ではないかと思うのが浜金谷駅舎だ。木造平屋のどこにもあるような姿も「日本の駅舎」そのものだ。瓦屋根の変形寄棟造り、駅舎本屋を半周するほどのひさしをめぐらせ、待合室に駅事務室、そして宿直室をコンパクトにまとめて、落ち着いたたたずまいを見せている。しかも後ろには緑豊かな山を背負い、駅前を下れば渚がひろがるロケーションもすばらしい。

ところで浜金谷駅の開業は大正5年（1916）だが、駅舎は大正13年（1924）10月に改築という記録がある。その理由は大正12年9月1日に発生した関東大震災だった。この大地震の鉄道被害は大磯や根府川など西湘方面が知られているが、房総南部も震度7の激震に襲われ、安房北条駅（現・館山駅）では留置していた機関車5両が横転したという。また浜金谷に近い湊川橋梁は多数の橋脚が水平に破断され、浜金谷駅舎も大破してしまった。このため約1年かけて駅舎を再建したと考えられる。このとき同時に被災した安房勝山、保田《ほた》、上総湊、大貫、青堀の各駅舎がみな似ているのも興味深い。今ではそんな出来事も感じさせない浜金谷駅だが、この駅を基準に、他の駅舎を見るのも面白いだろう。

千倉駅　7町村合併を機に改築された内房線6駅

南下した内房線が向きを変え、外房に出ようというところに千葉県最南端の駅、千倉がある。ここに打ち放しコンクリートの面白い駅舎がある。平成19年（2007）に改築された千倉駅舎は、正面から見て右から左にカーブを描いて傾斜するルーフが目を引く。地元南房総市と共同で改築した駅舎で、正面右から駅事務室、改札ホール、観光案内所、そして多目的ホールとならび、全体を覆う屋根は、さながらスケートボードの競技台にも見

千倉駅　ゆるやかな曲線をもつ駅舎

える。駅舎としてはかなり意欲的な作品だが「駅の形は公開コンペで決まったみたい」と観光案内所の話。しかし設計者の名前などは定かでない。

　駅前はのどかな住宅街で南房総とはいえ観光地の雰囲気はない。しかし南房総市の地図を見てハタと気がついた。平成18年（2006）に7町村合併で成立した南房総市は館山市の外周を包むように市域がひろがっている。そのなかにある内房線6駅（岩井、富浦、千倉、千歳、南三原、和田浦）すべてが奇抜なデザインに改築されているのだ。改築時期は合併前も多いが南房総市実現のため、町の玄関たる駅舎を改築して合併のはずみにしたのかと考えてしまう。ともあれ平成時代に、南房総市の古い駅舎は全滅したのだ。

昔話のような駅の風景　小湊鐵道【五井〜上総中野】

古い木造駅舎が数多く見られる房総半島。そのなかでも、ほとんど同形の駅舎をずらりと並べているのが小湊鐵道だ。房総半島中央部を南北に流れる養老川に沿って非電化単線の線路を伸ばし、水田と低山が入り組んだ夢のような里山に、国鉄キハ20系気動車をモデルにしたキハ200形を走らせている。

元々この鉄道は大正時代に内房方面から日蓮聖人が生まれた外房の誕生寺までの参拝鉄道として計画されたものだった。その当時はまだ外房線もなく、交通不便な小湊の誕生寺は日蓮宗信者にとって聖地であり一定の旅客需要が見込めたのだ。また房総半島横断鉄道としてのもくろみもあり、鶴舞を中心に地元有志が中心になって鉄道会社をたちあげ、安田財閥からの出資も得てのスタートだった。そして大正14年（1925）の五井〜里見間の開業に始まり、昭和3年（1928）には上総中野まで開業する。現在残る古い駅舎はほとんどがこの時代のものだ。しかしほぼ同じ頃に外房線も安房小湊まで延伸し、また上総中野と目的地の安房小湊間はわずか15㎞ほどだが、その間に清澄山など標高300mクラスの山がたちはだかった。さらに、昭和4年（1929）に発生した世界恐慌もあって延伸工事は進まなかった。やがて昭和9年（1934）に大原方向から国鉄木原線（現・いすみ鉄道）が伸びてきて上総中野駅で小湊鐵道と接続。その後の戦争もあって延伸計画は断念された。このような経緯から「小湊」という沿線にはない地名の鉄道になった。今でもJR外房線安房小湊駅の北側には小湊鐵道の未成線が一部築堤になって残っている。

車庫のある五井駅にはかつて小湊鐵道で走っていた3両の蒸気機関車も保存されている。以前、この五井機関区を取材したとき「キハ200は昔のエンジンなので、いまの燃料（軽油）は質が良すぎて調子が悪い」と話していた。最も新しいキハ200でも1977年製とすでに42年を経ており、職人技で列車を運行しているのがうかがえる。さすがに駅の無人化は進んだが、いまも全列車に車掌が乗務してドア扱いをするなど他のローカル私鉄にはない取り組みも行われ、クラシックな木造駅舎とともにおおきな魅力になっている。

平成27年（2015）にはコッペル製蒸気機関車を形どったディーゼル機関車が牽引する「里山トロッコ」も登場し、長年実直に走り続けた私鉄線に初めて観光列車が登場した。最初はどうかなと思ったが、実際に見ると沿線風景に似合った走りっぷりを見せている。

小湊鐵道・駅舎旅

ＪＲ内房線五井駅と接続する小湊鐵道のホームは１面２線で４両編成分の長さがある。このホームにはいちどＪＲ駅の改札口を経由して連絡橋を渡る。つまり五井駅に小湊鐵道線用の出入り口はない。きっぷは五井駅西口のＪＲ券売機で小湊鐵道も購入可能、または連絡跨線橋にきっぷの自販機がおかれている。ついでに言えばこの跨線橋で休日などに売られているお弁当は安くて美味しい。さて五井駅を出た列車は昭和の風景を残す機関庫を車窓に見て市原市の郊外を走る。ひと駅目の**上総村上駅**は小集落の路地の奥に駅舎を構えるなんとも奇妙な立地、駅舎本屋から増築された小屋に改札口がおかれたバラック風のたたずまい。その駅舎本屋もかなり古そうで駅頭にもあいまいな空間がある。いったい開業時はどんな駅だったのだろう、駅舎好きとしては気になる物件だ。

続いての駅舎が**海士有木駅**《あまありき》、小湊鐵道屈指の難読駅で寄棟瓦屋根の小湊スタイルともいうべき木造駅舎が現れる。こぢんまりとしてカタマリ感もあり、それでも待合室や出札口、そして駅務室など駅に必要な要素をコンパクトに備えた造りが好ましい。

かつて小湊鐵道はこの海士有木駅から本千葉駅までの路線免許をもっていた。のちにこれを千葉急行電鉄（第三セクター）に譲渡したものの経営破綻し、現在は京成電鉄千原線としてちはら台駅まで電車を走らせている。じつはこのちはら台駅と海士有木駅は直線距離で約7kmと意外なほど近い。もうちょっと頑張れば接続できたのにと思う半面、できなかったから小湊鐵道の風景が守られたのかもしれない。

まっ平らな水田地帯の上総三又駅は棒線ホームの待合所だけの駅、そこから1・4km走ると**上総山田駅**に出る。ここも海士有木駅とうりふたつの駅舎、開業時は養老川駅という

五井車庫　五井駅から見える車両検修庫

海士有木駅　平成25年に無人化された

上総山田駅　大正14年開業時の駅舎

馬立駅　開業時からの寄棟屋根

名だった。次の光風台駅は昭和51年（1976）に開業した駅で光風台住宅地の開発にあわせたもの。小湊鐵道には珍しく跨線橋をもつ有人駅だ。続く**馬立《うまたて》駅**と**上総牛久駅**の両駅ともに小湊鐵道スタイルの共通図面の駅舎。すでに馬立駅が無人化されたが養老川中流で最も大きな町、牛久にある上総牛久駅は2面3線のホームをもつ有人駅だ。小湊鐵道は五井からこの駅までが自動閉塞で、これ以降は票券閉塞やスタフ閉塞なのでタブレットの交換を行う。上総川間駅は棒線ホームと待合室だけの駅、**上総鶴舞駅**は水田の中に大きくカーブするところに枯れたたたずまいの小湊形木造駅舎を残している。

小湊鐵道には「上総」とつく駅が多いが上総牛久駅から**上総久保駅**まで4連続で上総駅がならぶ。その上総久保は田んぼの中の待合小屋だけの駅、キハ200がとてもよく似合うローカル駅だ。続く**高滝駅**は養老川をせき止めた高滝ダムがつくる高滝湖を渡ったところに小湊形駅舎がある。四季の花が駅を囲むように植えられている。線路はこのあたりから典型的な房総半島の里山を進むようになり**里見駅**（小湊形）、**飯給《いたぶ》駅**（待合所だけ）、そして簡素な木造駅舎をもつ**月崎駅**と箱庭のような駅の風景が連続する。ちなみに近年話題になった地球磁場逆転断層（チバニアン）はこの月崎が最寄り駅だ。

すっかり山中を進むようになった列車がしばらくして田んぼに出たところに**上総大久保**

駅がある。森を背にしたホームと待合室だけの簡素な駅だが、多くの鉄道カメラマンが傑作をモノにした沿線屈指の撮影ポイントだ。

蛇行を繰り返す養老川につかず離れず進んできた小湊鐵道沿線で、唯一と言ってもいい観光駅が次の**養老渓谷駅**だ。あの小湊スタイルとは異なる三角ファサードの有人駅で、広い駅前広場をもっている。房総屈指の温泉郷、養老渓谷温泉までは1・5㎞ほど離れているがバスで連絡。この先、線路は房総半島の分水界を板谷隧道（141m）で抜け、夷隅《いすみ》

上総牛久駅　2面3線ホームの主要駅

高滝駅　大正14年開業の姿を残す

里見駅　平成25年から有人駅に戻る

上総中野駅　旧駅時代の沿線案内も掲示

郡大多喜町に入ったところにいすみ鉄道と接続する**上総中野駅**がある。山中の平地にある駅にはかつて国鉄の木造駅舎があったが、平成元年（１９８９）に現在の待合所スタイルに改築された。その際、旧駅舎に掲げられていた観光案内図が新駅に継承されている。

小湊・いすみともに本線は接続していないが、草むらのなかの側線でつながっている。駅舎と反対側には蓮の沼があるが、その昔はここから天然ガスが採取されていたという。

上総鶴舞駅　水田の中に建つ文化財のような木造駅舎

小湊鐵道の同形駅舎を数えてみると海士有木、上総山田、馬立、上総牛久、高滝、里見、そしてこの上総鶴舞の7駅を数える。全18駅のなかでこの数だからかなりの比率だ。

そんななかでこの上総鶴舞駅は無人化が早く、しかも駅の設備がそのまま残り、水田の小島のような立地とともに現役駅舎でありながら文化財の雰囲気を漂わせている。駅舎は駅本屋より小さめの瓦屋根を載せているので可愛い印象を受ける。その下の張り出し屋根いっぱいに駅事務室を設けるおなじみの小湊形駅舎だが、近年改修されて壁面が薄緑から白く塗り直された。ところで駅構内にはかつて小湊鐵道が経営していた鶴舞発電所の建物

上総鶴舞駅　駅舎など登録有形文化財に

がある。非電化でありながら発電事業を行ったきっかけはこの上総鶴舞駅への電力供給だった。当時は公共の電力はなく、この発電所により近隣に電気を供給していた。昭和初期、市原内陸の鶴舞に電灯が灯ったのだ。

　余談だがこの鶴舞には幕末の一時期、鶴舞藩がおかれ城まで築かれたという。明治維新で徳川慶喜が駿府に移されたことで、遠州にいた領主たちが玉突きのように房州に移封された。浜松藩主井上家6万石もそのひとつで明治2年（1869）にこの地に転封し、城下町の整備にとりかかったが明治4年に廃藩置県となった。このようにかつては地域の中心だった鶴舞、その名士たちが小湊鐵道の発起人に名をつらねていた。このため上総川間から上総久保までの

月崎駅　里山トロッコの停車駅

間で線路は鶴舞よりに引きよせられ、上総鶴舞駅を頂点に大きな曲線を描いている。

月崎駅　〝チバニアン〟の発見で記念入場券も販売

小湊鐵道はこの月崎駅あたりから本格的に房総半島の山地に入っていく。鉄道建設時に駅舎のデザインをあの小湊スタイルではなく、切妻屋根に大きな玄関ポーチをもつシンプルな駅舎にしている。開業は大正15年（1926）で、この先のトンネル工事にはばまれ昭和3年（1928）までは暫定的な終着駅だった。当時の写真を見ると駅舎本屋の周囲に数軒ほど倉庫のようなものも建てられていた。今も駅舎の隣には苔むした倉庫が残るが、そのうちの一棟だったのだろう。

あらためて月崎駅舎を見れば少しアンバランスの感じもするが、周囲の景観はすばらしく、まるで駅を中心にガーデニングしたような空間になっている。駅は基本的に無人だが近隣に地球磁場逆転断層（チバニアン、月崎駅から徒歩約40分）が発見されたことから休日には駅職員も駐在するようになった。それでも記念入場券は駅前のヤマザキYショップ朝日屋で販売している。駅のホームから見て南方は左右から森が迫る地形だが、ここは小山を掘り抜いた跡で、工事には陸軍千葉鉄道第一連隊も訓練も兼ねて参加したという。

養老渓谷駅　難工事の末に延伸した地で建てた観光駅舎

切妻破風の三角ファサードと大きめな玄関ポーチで洋風の雰囲気を漂わす養老渓谷駅舎、あえて言えば小湊鐵道らしくないお洒落な駅だ。開業は昭和3年（1928）、月崎から続く山地を難工事の末に突破してきた小湊鐵道は、この朝生原《あそうばら》（開業時の駅名）という小天地に観光駅舎を建設した。切妻屋根の左右末端にツノを出し、傾斜角度45度のいわゆる10寸勾配屋根はそれだけで洋館らしく見える。ちなみに屋根傾斜がゆるい上総鶴舞駅はなんとなく和風に見えるから面白い。とはいえ玄関ポーチの幅は3・64ｍだからちょ

養老渓谷駅　三角ファサードが目立つ

うど2間、つまりこの時代の駅舎はまだ尺貫法で建てられているのだ。記録によれば昭和7年（1932）には風呂場を増設したとある、これは正面右手の張り出した部分。

　ところで小湊鐵道がこの地に延伸してくる少し前の大正時代、養老川沿いの民家の庭に天然ガスが吹き出し、続いて井戸からも鉱泉が湧き出した。この天然ガスで鉱泉を沸かしたのが養老渓谷温泉の始まりで、もともとあった養老川の景勝地に温泉が追加されて房総半島中央部の観光地に発展していく。この間、変に駅舎を改築しなかったのが功を奏し、最近では駅前の舗装をはがしてクスノキなどを植える「逆開発」で、駅そのものを林間の公園にしようというプロジェクトが進んでいる。将来、森のなかの駅舎になりそうな養老渓谷駅だ。

都心に近い名駅舎路線　ＪＲ青梅線【青梅〜奥多摩】

東京都内で最も標高の高い駅は海抜３４３ｍの奥多摩駅だ。かつて、この奥多摩地域に豊富に埋蔵されていた石灰石を求めてこの高さまで線路が登ってきた歴史がある。本来の青梅線は立川〜奥多摩間だが、見るべき駅舎が残るのは青梅〜奥多摩間の18・７㎞だ。しかも建設時は民営鉄道だったこともあり、鉄橋やトンネルとともに難工事の末の開業だった。それだけに個性豊かな鉄道設備と、東京都内とは思えない雄大な車窓風景は一見の価値がある。現在、青梅〜奥多摩間は東京直通の通勤路線からは切り離され、終日４両編成の電車が往復する。そんな、後回しになっている路線ほどいい駅舎が残る。

さて、青梅線の歴史をたどれば明治27年（１８９４）に立川〜青梅間を開業させた軌間762ミリの青梅鉄道（昭和４年、青梅電気鉄道に社名変更）に始まる。すでに開通していた甲武鉄道（のちの中央線）に接続することと、もうひとつは日向和田《ひなたわだ》で自ら石灰石採掘事業も行っていたからだ。しかし大正時代になると石灰石の需要は増え、しかも既存の鉱山は枯渇していった。そこで、より山の中の石灰石鉱床を求めて延伸を計画する。

このあたりは荒川沿いに線路を伸ばした秩父セメント系の秩父鉄道と、多摩川を分け入った浅野セメント系の青梅電気鉄道の開発競争の感もある。ともあれコンクリートの大消費地のすぐ西の山々に、その材料となる石灰石が豊富に埋蔵されているのだ。多摩、秩父の谷筋に伸びる鉄道で石灰石と無縁のものはほとんどない。さて多摩川渓谷に沿って本格的に工事が始まったのが昭和10年代、浅野セメントや日本鋼管が出資した奥多摩電気鉄道により奥多摩の大渓谷に線路が伸びていった。時は日中戦争から太平洋戦争のさなかで資材不足のなか、沿線には得意のコンクリート橋を各所に見ることができる。しかし開業のタイミングが戦局も差し詰まった昭和19年（１９４４）になり、改正陸運統制令により青梅電気鉄道ともども国有化、これが現在の青梅線だ。戦後になっても終点の氷川駅（現・奥多摩駅）に接続する奥多摩工業からの石灰石輸送が盛んに行われ、これは平成10年（１９９８）の貨物輸送廃止まで続いたのだった。

ＪＲ青梅線・駅舎旅

その昔、青梅鉄道の本社駅として建てられたのが**青梅駅**だ。箱をおいたような四角四面の駅舎は大正13年（1924）に竣工した地上3階、地下1階のビルディングスタイルだ。鉄道業の傍ら石灰石採掘も行っていた会社らしく、コンクリートをふんだんにつかった建物にしたのだろう。ちなみに駅の北側にある山の上に「青梅鉄道公園」がある。

青梅駅から単線になった線路は多摩川が作った河岸段丘を西に進む。宮ノ平駅は大正3年（1914）の青梅鉄道時代の開業、洒落た待合室と跨線橋で連絡する島式ホームの駅だ。続く日向和田駅は1面1線のホームと無人の新しい駅舎がある。自動券売機とICカード乗車券の端末、そしてトイレがあれば今の無人駅は完結する。そのモデルのような駅舎が青梅線にはならぶ。ホームからは見えないが、駅北側の山にはかつて青梅鉄道が経営していた広大な鉱山跡が残っていて、ここは戦隊モノの撮影によく使われるという。続く石神前駅は住宅街の奥にある無人駅で、フラットルーフの簡便な駅舎が大木の中に建っている。昭和3年（1928）の開業時は楽々園停留場という名で、近くに青梅鉄道直営の「楽々園」という多摩川に面した遊園地があった。現在その場所はブリヂストン奥多摩園という保養施設になっている。

次の**二俣尾駅**も話題が多い。今でこそ青梅街道に面して跨線橋をもつ簡素な橋上駅だが、この駅から北の石灰鉱（浅野セメント梅ヶ平鉱山）への専用線が分岐していた。廃線跡をたどると一部にレールを見ることができる。また村上春樹の小説「1Q84」にも二俣尾駅が登場するが、小説にあった木造駅舎はすでになくなっている。線路はこの先で大きくカーブし、多摩川の支流平溝川を立派なトレッスル橋で渡ったところに**軍畑**《いくさばた》**駅**があある。駅舎は石神前駅同様のフラットルーフの待合所風で駅前には食料品を売る店が1軒あり、ハイキング客の乗降も多い。いわくありげな駅名は戦国時代、上杉謙信の傘下に入った領主の三田氏と小田原北条氏との戦いに由来する。石灰岩を産する雷電山に三田氏の居城があったという。

ここまでわずかな平地を作ってきた多摩川の河岸段丘もいよいよ尽きて、電車は大渓谷を進むようになる。そして跨線橋に多宝塔風の屋根を載せた**沢井駅**が急斜面に建っている。改築される前の木造駅舎にあった宝形造りの屋根を再現して載せた異形の駅舎だ。ここは清酒「澤乃井」で知られる小澤酒造の最寄り駅。さらに急流を見ながら進んでいくと寺社風スタイルの**御嶽**《みたけ》**駅**が現れる。武蔵御嶽神社のある御岳山への下車駅として昭和4年（1929）に凝った造りの観光駅舎を設けたのだ。御岳登山ケーブル乗り場まではバスで連絡、駅前の御岳渓谷はカヌー下りの名所。続く川井駅は急カーブの途中にある片面ホームの無人駅、平成23年（2011）に木調の待合室風駅舎に改築された。

古里《こり》駅は傾斜地にある小集落の駅、地域の集会所も兼ねた比較的新しい木造駅舎がある。以前石灰石の貨物輸送があった名残りで交換設備のあるゆったりとした構内だ。このあたり、青梅線は渓谷沿いの集落ごとに駅をおいている感じだ。紅葉の名所、鳩ノ巣渓谷をひかえた**鳩ノ巣駅**は乗降客の少なさにもかかわらず丸太を多用した立派な駅舎を構えている。国鉄で建築設計をしていた森惣介の画集「駅のスケッチ」に、鳩ノ巣駅は「初老の棟梁が一人でこつこつ仕上げた」という伝聞を書き残している。

軍畑駅　平成15年に簡易駅舎に改築

沢井駅　平成22年改築、旧駅の塔も復元

鳩ノ巣駅　青梅線で一番立派な駅の玄関

白丸駅　白テントの待合所が面白い

電車はレールをきしませて連続する急カーブを進んでいくと、トンネルに挟まれたところに**白丸駅**がある。片面ホームと自動券売機の小屋だけの駅だが、白いテント状の待合室がユニークだ。この駅は都内のＪＲ駅のなかでもっとも乗降客数が少ない駅だという。駅のまわりの道路はいずれも急坂で、無理やり作った感のある秘境駅だ。

昭和19年（１９４４）の開業時は氷川と呼ばれた終着の**奥多摩駅**は、奥多摩工業氷川工場といういかつい石灰石工場に向かってカーブを描くところにホームをおく。その昔は貨車や機関車が留めおかれたであろう構内側線の数も多い。なるほど、青梅線はこのための鉄道であったかと具体的に納得できる風景だ。そしてエキゾチックな山荘風の奥多摩駅舎は見事の一語、これを見るために電車賃を払ってもいいと思うほどの名駅舎である。いくつもの前座を見たあと最後に真打登場、そんな印象の青梅線だ。

青梅駅　商店街や食堂もあった青梅鉄道の本社駅

明治27年（１８９４）に開業した初代青梅駅舎は現在の場所より西側にあった。山を背に建設された停車場は地域の玄関というより、これより上流部の日向和田で採掘される石

青梅駅　ビル形駅舎、地下街跡も残る

灰岩輸送列車のための基地という性格が強かった。駅北側の山中にカッパ池という水源があり青梅停車場は蒸気機関車への給水のために現在位置に定められたという。ちなみに開業前年の明治26年（１８９３）まで青梅を含む三多摩地域は神奈川県だったが、甲武鉄道（現・中央線）の開通により東京との結びつきが強くなり、東京に移管されることになったのだ。

それから30年後の大正13年（１９２４）に青梅鉄道は本社駅として現在の青梅駅舎を建設する。この４年前の大正９年（１９２０）に青梅鉄道は鉱山の採掘権を浅野セメントに売却し鉄道専業になった頃だ。駅舎は関東大震災以後、急速に普及した鉄筋コンクリートのビルディングで、地下には番傘など地元の名産品を売る商店街や食堂も設けられた。そして2階は社長室と会社事務室、3階には講堂がおかれた。まだ家屋のほとんどが木造平屋だった大正時代、ひときわ目立つこの駅舎を中心に街は発展し駅前には銀杏並木も植えられた。この青梅鉄道が建設したのが立川～御嶽間だったが、建設費のかかる上流はさらに奥地の鉱山開発をめざす浅野セメントが主体になった奥多摩電気鉄道が行った。結局、昭和19年（1944）に未成区間も含めて青梅線は国有化されたのだが、その奥多摩電気鉄道の設立集会はこの青梅駅3階の講堂で行われたと伝えられている。現在、駅の地下街に立ち入りはできないが、平成7年（1995）まで、旧青梅鉄道の資産管理会社がここにあった。なにかと話題豊富な青梅駅舎だが建築100周年をひかえ、構内では12両編成化に対応するホームを新設している。

御嶽駅　参宮鉄道の使命を帯びて延伸・開業

本来、石灰石輸送を目的に建設された青梅線だったが、昭和4年（1929）に、二俣尾駅から石灰鉱山とは無縁の御嶽駅まで延伸した。それというのも、駅の南西に5㎞ほど入った御岳山（929ｍ）山頂に関東近郊で信仰を集める御嶽神社（今は武蔵御嶽神社）

御嶽駅　多摩川の渓谷沿いに建つ和風駅舎

頭山満揮毫の駅名看板

があり、すでに当時からケーブルカーの計画（御岳登山鉄道・昭和9年開業）も進んでいたからだ。駅舎は神社風にアレンジされた外観で、平石を貼った腰壁や玉石を埋め込んだ床、そして唐破風をあしらったひさしなど細かいところまで工夫に満ちた造りになっている。

平地がほとんどない多摩川のV字谷に作られた駅だけにホームは駅舎から一段高いところにあり、改札口からは地下通路で連絡している。それでもホームは広めに作られていて初詣など大勢の乗客にも対応した構造だった。今ではすっかり埋められているがホームにはもう一本地下通路があり、駅舎西側にあった臨時改札口に連絡していた。

その頃はホームの末端にも古いトイレがあり、平成22年（２０１０）に取り壊されるまでは都内の鉄道駅唯一のくみ取り式と鉄道マニアの間で話題になった。ちなみに臨時改札口も同時に廃止されたが、そこには戦前の国家主義運動の巨頭、頭山満《とうやまみつる》による大きな駅名看板が掲げられていた。その後、看板は駅舎本屋の改札口の壁に移動したが、平成31年（２０１９）３月に待合室のリフォームが終わったことが報道された。この原稿を書いている時点で頭山満の看板がどうなったか確認できていないが、ともあれ御嶽駅になぜそんな看板があったのか、いろいろと想像を巡らせてしまう。

奥多摩駅　戦後を見据えて建てられた傑作駅舎

青梅線の終点、奥多摩駅はヨーロッパ調の変形切妻屋根をもつロッジスタイルで、見上げる軒先にはブラケットがせり出した軒を支えている。車寄せの柱や窓の手すりには丸太を使い、遊び心のある丸窓がアクセントになっている。良き時代の山の宿を思わせてくれ

奥多摩駅　登山をイメージした名駅舎

カフェも営業する２階への階段

る傑作駅舎だ。おそらく、建設主が国鉄であれば、ここまですばらしい駅舎は建てられなかったのではないかと思う。駅舎が完成したのは昭和19年7月のこと。太平洋ではサイパン島の日本軍が玉砕し、ビルマではインパール作戦で大敗北を喫したころである。国内では戦時特例が施行され、すべての食堂車や寝台車は廃止、証明書がなければ１００㎞以上のきっぷは買えなかった。時はまさに国家の非常時だった。

それでも、建設を進めた奥多摩電気鉄道は奥多摩渓谷が将来観光地になることを見越していたのだろう。駅舎を設計したのは社内の技師とも伝えられている。すくなくとも青梅の山奥では戦争の行方にかかわらず「観光」も見据えたプランで鉄道を建設していたのだ。

しかし、鉄道の完成を見たところで同鉄道は国有化されてしまう。

まさに国破れて山河あり。一時は戦後復興で活況を呈していた石灰石の貨物輸送も平成10年（１９９８）には廃止されてしまい、青梅線は旅客鉄道として生き残ることとなる。

現在の青梅線４両運転区間は本格的なアウトドアが駅チカで楽しめる路線として「東京アドベンチャーライン」という愛称名も付けられた。現在、駅舎の２階はカフェとアウトドアグッズの店になっている。また１階にはロッカールームや更衣室も整備された。すでに建築から75年を経ていても、貨物輸送があった名残りで全体に余裕をもって作られているので、なにかとツブシが効く駅舎なのだ。

ところで、奥多摩電気鉄道の母体になった青梅鉄道にはかつて「奥多摩振興」というバス部門があり、これが現在の西東京バスになった。奥多摩駅前にある西東京バス「氷川サービスステーション」の昭和ローカルな雰囲気も好ましいが、鉄道とバスで山間の地を拓いた意気込みも感じられる。また上流の小河内《おごうち》ダムまで東京都水道局小河内線の廃線跡もあり、鉄道交通ファンにとって興味が尽きない奥多摩駅周辺だ。

産業路線の昭和駅舎群　ＪＲ鶴見線【鶴見～扇町・大川・海芝浦】

　ＪＲ各線のなかでも、独特の「文化」を感じさせる路線がある。鶴見線もそのひとつで、コンパクトにまとめられた旅客駅が短い間隔で並んでいる。よく知られているとおり、ここは私鉄線を国有化した路線で、かつての私鉄時代のスケールを残して走っているからだ。

大正時代、浅野総一郎によって計画された京浜地区の埋め立てにより大企業の進出も相次ぎ、その輸送のために設立されたのが鶴見臨港鉄道だった。開業は大正15年（１９２６）3月10日の浜川崎～弁天橋に始まり、昭和５年（１９３０）には鶴見まで延伸、同時に電化して旅客輸送も始まった。このとき、京浜運河の浚渫で出た土砂で埋め立てた扇島には一時、夏になると鶴見臨港鉄道直営の海水浴場も開かれ、蒲田松竹撮影所のスター女優を使ってＰＲをするほどだった。また同じ浅野財閥系だった南武鉄道の尻手《しって》駅まで鶴見から延伸する計画もあり、鶴見臨港鉄道は京浜工業地帯とともに発展していった。

　そして戦時中になると重工業地帯を支える重要路線となり、その通勤ラッシュは「関東一の混雑」と言われ、女性工員専用車も連結された。そして昭和18年（１９４３）には戦

海芝浦支線が分岐する浅野駅。三角形のホームに停車中の205系電車

時輸送体制整備のため国有化され国鉄鶴見線になる。

やがて戦後復興期も工場に直結する専用線を増やしていく。鶴見線の線路は、扇島までの本線と海芝浦や大川までの支線があり、かつては鶴見川口や浜安善までの支線（これらは廃止）も合わせて、櫛形の路線網を形成していた。このように鶴見線は都市電鉄と産業鉄道のふたつの顔をもつ工場地帯の鉄道として、独特の路線文化を築いていった。

鉄道ファンから見ても、現在走る２０５系電車や旧型電車も見られたことで話題になり、日中や休日には激減する運転本数も含めてガラパゴス的な人気を集めている。

現在の鶴見線は、鶴見駅以外の全駅が無人

化されているが、沿線の工場への従業員輸送とともに扇島駅からの化学製品輸送、安善駅からの横田基地への米軍向け燃料輸送などの列車がある。また戦前の姿を残す国道駅や東芝工場の敷地内で「改札外に出られない」海芝浦駅、朝晩にしか電車が来ない大川駅など、個性的な駅も多い。

ＪＲ鶴見線・駅舎旅

今でも鶴見線がもともとは国鉄と別組織だったと実感させられるのがＪＲ**鶴見駅**構内の鶴見線構内中間改札口の存在だ。橋上駅西側の中間改札を通過した途端に時計を逆戻りさせたような鶴見線ワールドが始まる。小さいながらもホームにドーム式の屋根をかけ、高架線から空中に発進していくような始発駅が昭和初期に作られたというのも驚きだ。電車は東海道線に沿って、実にクラシックな高架線路を進んでいく。５００ｍほど先に昭和17年（１９４２）に廃止された**本山《ほんざん》駅**のホーム跡が見えるはずだ。ここは曹洞宗の本山、総持寺の門前にあった駅だ。やがて高架線のまま大きくカーブして東海道線や京浜急行線を越え、国道15号線をまたいだところに**国道駅**を設けている。このトンネル状の高架下が産業遺産的に評価されている駅空間だ。高架線路はしだいに高さを増し、鶴見川を越えたところに上り下りホーム別々に木造駅舎がある地上駅の**鶴見小野駅**がある。まわりは路地が多い昔ながらの住宅街だ。そんな下町風景も首都高速横羽線の下をすぎると工場地帯に入り、電車がたくさん集まっている車庫が見えれば弁天橋駅は近い。ここには愛らしい木造駅舎が建っていたが、近年改築されて無人駅仕様のタイプに変わっている。

そして次の浅野駅から海芝浦支線が分岐する。この**浅野駅**は鶴見臨港鉄道の創立者でもある浅野セメントの総帥、浅野総一郎にちなんだ駅名だ。ホームは三角形になっている股裂き型で、その股のところにコンクリート2階建ての立派な駅舎がある。とはいっても無人駅で、広い敷地には野良猫がたくさん居着いている。分岐する1・7㎞の海芝浦支線には工場街の**新芝浦駅**と、東芝京浜事業所の敷地内で改札外に出られない**海芝浦駅**がある。この海芝浦はほぼ護岸の上にホームがあり、名実ともに「最も海に近い駅」といえるだろう。

ふたたび浅野駅から「本線」でもある複線区間を進むと今度は浅野総一郎の盟友、安田善次郎の名をとった**安善駅**がある。駅舎は昭和5年（1930）開業時のものか、長さ1・6㎞の大川支線はここから分岐する。平日は朝晩に9往復、土曜休日は3往復と、運転本数が少ない路線で有名だ。終点の**大川駅**は小屋のような駅舎がある。

鶴見線の中間駅で、もっとも立派な木造駅舎なのが**武蔵白石駅**だ。いささか荒れてはいるが二つの玄関を並べた正面は堂々としたものだ。**浜川崎駅**は鶴見線と南武支線の接続駅、接続といっても簡易な駅舎が道路を挟んでいて、乗り換えは一度外に出なければならない。趣のあった木造駅舎の昭和駅は平成29年（２０１７）に残念ながら改築され、改札口を覆うだけの新しい建物になった。「昭和」とは昭和電工川崎事業所に面しているから。

さて終着の**扇町駅**は、簡素なコンクリートブロックを積み上げた駅舎。玄関にはバラの植

鶴見小野駅　上下ホーム別に小駅舎

新芝浦駅　駅舎本屋は昭和６年建築

武蔵白石駅　昭和５年の駅舎が残る

大川駅　昭和25年から使われる小駅舎

えられたアーチがある。旅客駅はここまでだが、線路はさらに南下していて三井埠頭まで伸び、石炭貨物列車などが今も発着する。

鶴見駅　存在感が際立つ臨港鉄道時代の遺構

駅舎として鶴見臨港鉄道を見たとき、最大の遺物が鶴見駅西口駅舎だ。昭和5年（1930）に弁天橋から延伸してきた路線は、高架のまま鶴見駅西口のコンクリートビル3階に駅をおいた。ホームは対面式の2面2線で、多数のリベットを使った頑丈そうな鉄骨のアーチは見事だ。また壁にはぽつんと古い鉄道時計が掲げられているが、プレートを読むと「皆さんお元気で　朝鮮民主主義人民共和国　鶴見地区帰国者一同」と書かれている。そんな物語を秘めた駅ビルの1階には京急ストアがある。この店は昭和10年（1935）開店の京浜デパート鶴見分店に始まったもので、当時は白木屋系の都会的な百貨店として人気を博したという。また2階にもレストランがあり、すでにこの当時から起点駅のターミナルにデパートをおく最先端の私鉄ビジネスを実現していたのだ。

あらためて駅ビルを見れば、コンクリートの躯体がやわらかな曲線を描いて線路の開口

鶴見駅　ボリューム感ある駅舎のビル

部に向かって絞り込まれ、末端に円筒状の階段室を設けて外見上のアクセントにしている。モダニズム建築の無機質な打ち放しコンクリートに見慣れた目にも、この時代の有機的なコンクリートの存在感は見事、さすが浅野セメント系の鉄道だ。駅舎の設計者は定かではないが、同じ時期に阪急三宮駅などを手がけたコンクリート建築の大家、阿部美樹志（1883～1965）ではないかと想像する。ちなみに国道駅とそれに続く高架橋は彼の設計で、さらに言えば東急東横線の横浜～桜木町間に現存する

北朝鮮帰国者寄贈の時計

コンクリート高架橋も同様で、鶴見線とうり二つの高架橋が残っている。当時、鶴見臨港鉄道は南武線尻手駅まで延伸を計画し、用地買収も進めていたが結局未成線に終わった。鶴見駅3階の車止めの先は、かつては延伸できるようになっていたと思う。

国道駅　戦争の惨禍を今に伝える高架下空間

外に出られない駅、海芝浦駅とともに鶴見線各駅のなかでも人気なのが国道駅だ。第一京浜国道（国道15号線）に面して昭和5年（1930）の鶴見駅延伸時に開業した駅で、地上3階にあたる高い高架上にカーブを描いたホームがあり、その下には上下線を連絡する空中回廊を設け、1階に改札口をおき、全体を大きなアーチが覆っている。まだ鉄道高架下の利用が一般化する以前に、阿部美樹志の設計によってここまで見事な空間ができていたとは驚きだ。開業時にはアーチの高架下に「臨港デパート」も開かれたとも伝えられている。

以前、近隣の古老に聞いたところ、その高架下は「雨の日の遊び場」だったといい、戦争末期には防空壕の役割も果たしたという。国道側の外壁には横浜大空襲の時に「市電を

国道駅　改札口の右側が高架下を利用した旧マーケット

高架下２階部分には上下線連絡通路橋も

狙ったのではないか」（当時は鶴見まで横浜市電が伸びていた）という爆弾が炸裂した破片痕も残っている。その時、多くの人たちがこの場所に斃《たお》れたという。

幾星霜を経たコンクリートとひんやりとした空気。まさに古い日本映画を見ているような国道駅の情景だが、国道と反対側に出れば南北に走る旧東海道があり、寿司ネタの魚介を扱う「生麦魚河岸」が伸びている。鶴見線はここからすぐに鶴見川を渡る。

戦時駅舎と観光駅舎　JR横須賀線【大船〜久里浜】

鎌倉や逗子といった海浜の避暑地を沿線にもち、紺とアイボリーの〝スカ線色〟の電車を走らせ、グリーン車も連結する横須賀線は長い間、他の路線とは一線を画した品格を宿した路線だった。今ではその独自色は薄れたが、大船〜久里浜間にはまだ時が止まったような駅舎を残し、訪ねるおもしろさは格別のものがある。

この区間の建設は明治19年（1886）の海軍大臣・西郷従道、陸軍大臣・大山巌の発議によって決まった。明治17年（1884）に海軍横須賀鎮守府が発足し、また観音崎には陸軍の東京湾要塞建設も進行中で横須賀地域への鉄道整備が急務だったのだ。しかし当時は東海道線建設の真っ最中で新たな予算措置の余裕もない。そこで渋る大蔵省を説得し、東海道線建設費の一時流用ということで決着する。なるほど「政治力」とは予算の配分力なのだと納得できる話だ。ともあれ路線は東海道線大船駅から分岐し、鎌倉を経て横須賀に至る15・9㎞で着工から約1年半で完成する。今考えても相当に急いだ工事だ。

その当初、分岐駅は藤沢が考えられていたが、鎌倉方面に谷筋が伸びる大船付近が選ばれたのだ。このため鎌倉五山の円覚寺では荒々しく山門前を横断し、鎌倉中心街はトンネル掘削の土砂で築いた築堤で通過した。まだ廃仏毀釈の気風が残っていた頃、寺の門前など平気で蹂躙したのだろう。田浦〜横須賀間は「此間地勢険阻ニシテ海浜ニ接シ工事極メテ易カラズ」（国有鉄道百年史）だったという。終着駅も陸軍が観音崎を要求したが、カネのかかる横須賀市街の通過を避け手前の逸見《へみ》村（現・横須賀市逸見）に横須賀駅をおいた。当初は鎌倉、逗子、横須賀の3駅で開業し、明治37年（1904）に田浦駅が開設され、昭和2年（1927）に北鎌倉駅、戦後の昭和27年（1952）に東逗子駅が開業していった。

鉄道開業で明治初期から徐々に避暑地として注目されてきた鎌倉へのアクセスが格段に良くなり、由比ケ浜などに華族や政府要人の別荘が次々に建てられていった。また鎌倉駅の周辺には横須賀軍港に勤務する軍人たちの住宅街も形成されていく。ところで、鉄道開通以前の鎌倉の海浜は長年墓場として使われ、恐ろしげな塚が集まる人家まばらな所だったという。今でも時折「大量の骨が出た」みたいな話はよく聞く土地柄、歴史が豊かということは骨も豊かに眠っているのだ。それが明治42年（1909）には、三越が従業員1500人を乗せた臨時列車で避暑に繰り込むほどのリゾートになっていく（これは3年間続いた）。まさに鉄道が古都鎌倉を蘇らせたのだ。

太平洋戦争の末期には三浦半島全域の要塞化が進み、小道一本の改変も要塞司令部の許可が必要になっていた。その物資輸送のために昭和19年（１９４４）に横須賀駅から久里浜駅まで単線で延伸を果たす。このとき、複線だった御殿場線を陸軍兵備局の命令で単線化し、そのレールを転用したという。このようにして現在の形になった横須賀線だが、東京始発の伝統は昭和55年（１９８０）の東海道線との分離運転まで続く。現在は湘南新宿ラインや総武線との一体的な運転で久里浜駅から成田空港や遠く上総一ノ宮までの列車も運転される。とはいえ逗子以南では運転本数も格段に少なくなり、ＪＲの熱意もあまり感じられない。しかしこの区間には横須賀・衣笠・久里浜の各駅に立派な駅舎が残り、昔日の栄華を伝えている。

ＪＲ横須賀線・駅舎旅

大船駅から分岐する横須賀線は、東海道線を陸橋で越えて北鎌倉方向に向きを変える。その電車を後ろから優しい表情で見送る大船観音だが、もとをたどれば昭和４年

(1929)に横須賀線を見下ろす山に建設が始まった「護国観音」がその前身で、横須賀の海軍関係者を含む国家主義的な団体による造営だった。その当時、壮士たちが「大船《おおぶね》に乗って浄土に渡るのだ」と山の上で気勢を上げたという話も伝わっている。ところがその後の不況や敗戦によって建造途中の護国観音は放置され、戦後の昭和35年(1960)に東急電鉄の総帥、五島慶太らによって修復された歴史がある。

横須賀線は大船から寺院が多く残る山ノ内の谷筋に入っていく。木造駅舎がある**北鎌倉駅**は今も構内踏切を残す構造、それでも円覚寺参道を電車が横断する風景は鉄道ジオラマにしたくなるほど好ましい。しかし、「中世の谷に鉄道を通すとはなにごとだ」という理由で鎌倉が世界遺産登録から落選したという噂も聞く。ともあれ鎌倉時代の建物は関東大震災でほとんど失われているので世界遺産登録は無理筋だったと思う。その大震災になんとか耐えた2代目**鎌倉駅**にはトンガリ屋根の時計塔があった。そのイメージを受け継いで昭和59年(1984)に3代目の現駅舎に改築された。2代目の時計塔はいまでも駅の西口に保存されている。**逗子駅**は運転上の区切りになる駅で、多くの列車が起・終点としている。また葉山御用邸の最寄り駅とあってお召列車の発着も多かった。その場合は上りホームの1番線に到着した。ホームから駅頭まで段差のない構造はそのためだといわれている。

東逗子駅はホーム末端に昭和27年（１９５２）開設時のコンクリート駅舎が、ひさしを張り出した形で残る。横須賀線はこれより三浦半島の分水界となる丘陵をトンネルで通過する。三浦半島の東側、横須賀市内にはいると山の斜面にまで住宅がへばりつくように建つ独特の風景になる。歴史的に平地は軍の施設になり、市街地は残された狭いエリアに集まり住宅は山に登った。とにかく横須賀は窮屈なのだ。その好例が**田浦駅**で、ホームの両端がトンネルに接しているので10両分の長さしかなく、11両編成の列車ではは み出した車両をドアカットでしのいでいる。駅舎はかなり以前から橋上化され、地上駅舎は海側にあったという。駅南側の七釜トンネルは横須賀線２本、海側への引き込み線の都合３本のトンネルが見られるが、正面右から明治、大正、昭和に建設されたトンネルとして知られている。ともあれ跨線橋やホーム上屋にふんだんに古レールが使われ、鉄道考古学ファンには楽しい駅だ。そんな田浦駅から**横須賀駅**までの間には４本のトンネルが連続する。

『奉公に出るのであろう貧しい小娘が突然汽車の窓を開け、踏切で見送る幼い弟たちにみかんを投げる』芥川龍之介が大正8年（１９１９）に発表した「蜜柑」は、横須賀線がそのトンネルを抜ける一瞬の情景を記した短編だ。現在、舞台になった吉倉公園には「蜜柑」の文学碑が建てられている。ちょうどその場所の海側を見れば海上自衛隊の艦船が見えるはずだ。横須賀駅は次のトンネルを出たところに長い島式ホームを構えている。

横須賀線はこれ以後、昭和19年（１９４４）開通の単線区間となって終点まで続く。次の**衣笠駅**までの間には全長２０３９ｍの横須賀トンネルを掘削、真上の坂本には突貫工事に由来する和菓子店「突貫団子」が残っている。ちなみにこのトンネルは既存の京急線を避けて掘ったため、下って登るV字状になり、未来永劫地下水を汲み上げ続ける厄介な構造となった。衣笠駅は古色蒼然とした開業時の駅舎を構えている。終着の久里浜駅ととも

鎌倉駅　西口に旧駅舎の時計塔を展示

東逗子駅　コンクリートの駅舎が見える

田浦駅　ホームがトンネルまで伸びる

衣笠駅　昭和19年開業時からの駅舎

に戦時下に大量動員された海軍工廠や兵員の乗降を見込んだ大柄の駅舎で、駅構内には使われなくなった空間も多い。今のうちに見ておきたい駅舎のひとつだ。

その衣笠からまっすぐ進むと**久里浜駅**に到着する。見事な構えの駅舎とたくさんの側線をもつ終着駅だが、隣接する京急久里浜駅の賑やかさには遠く及ばない。ここも、ありあまる空間を持て余すように、大柄の駅舎がたたずんでる。

北鎌倉駅　円覚寺と地元有志が駅用地を提供

大船駅から2・3㎞、鎌倉駅から2・2㎞という短い駅間でもわかるとおり北鎌倉は当初からの駅ではなかった。大正15年（1926）、まだここが鎌倉郡小坂村山ノ内という地名だった頃、建長寺、円覚寺、そして両山信徒代表の名で「夏季簡易停車場設置願」が鉄道大臣に出され、これが認められて昭和2年（1927）に5月から10月限定の仮停車場が開設された。駅設置の際は円覚寺と地元有志が72坪を提供したという。これが北鎌倉駅で、当初はホームに屋根もなく、駅の売上も少なかったことから近隣住民が乗りもしない切符を買って駅を支えたという。その当時、この地域の郵便貯金額は全国屈指と伝えられ、

北鎌倉駅　簡素な木造平屋が似合う

その余裕が駅を存続させたのかもしれない。

ともあれ昭和5年（1930）には晴れて駅に昇格し駅舎も建設された。当時の写真を見れば現在の駅舎と同じ場所に、ほぼ同じ構えで建てられている。改築されたという記録もないので、この初代駅舎がそのまま使われているのだろう。正面から見ても一切の飾りもない切妻屋根の木造駅舎だ。改修を重ねて外壁は下見板張りになったが、以前は無塗装の縦板張りだったようだ。ホームは対面式で15両分と長く、駅舎はその鎌倉寄りの末端にあるので、うかつに乗ると狭いホームを延々と歩くことになる。それでも、北鎌倉は映画監督の小津安二郎も住んだという落ち着いた街だけに、よき時代の鎌倉をホームからも感じられる駅だと思う。

横須賀駅　長い屋根がホーム全体を覆う訳とは

横須賀駅は謎が多い駅だ、明治22年（1889）の初代駅舎の様子はよくわからない。それでも大正時代に改築されたという2代目駅舎の写真を見ると、ホーム末端に建つ駅舎はほぼ正方形の方形屋根を頂点にして、まわりにドーマー窓の付いた屋根をスカートのように伸ばし、その角を正面にして半円形のファサードを掲げていた。玄関には立派な車寄せを張り出し、ひとことでいえばエライ人を迎えるにふさわしい重厚な駅舎だった。それというのも、軍港の玄関ということもあり将官や皇族の利用も多く、開業3カ月前の3月12日には、進水式出席に合わせて明治天皇のお召列車も運転されている。

横須賀駅　山が迫る土地に貫禄の駅舎が

現在の駅舎は昭和15年（１９４０）に改築された3代目で、やはり頂点に小屋根をもち、正方形の角を断ち落としたような五角形の駅舎となっている。これを見ると2代目駅舎を引き継ぐいかつい印象の駅舎だ。ホームは2・3番線の島式になっていて長い屋根が特徴で、山が迫る駅なので上から天皇をのぞかせない配慮だとか。ちなみに当初は天皇の乗降は旧1番線が使われ、ホームには貴賓室もあったという。逗子駅の到着ホーム同様駅頭まで階段のない造りで、以前の駅スタンプには「階段のない駅」と書かれていた。

久里浜駅　戦時中に相次いで開業した二つの駅

丘陵ばかりの横須賀市内でも平作《ひらさく》川の下流にある久里浜にはまとまった平地が開けている。このため昭和10年（１９３５）から2年間だがゴルフ場も開設されたほどだった。久里浜駅はそのゴルフ場跡地にかかる形で昭和19年（１９４４）に終着駅として開通した。

横須賀線の久里浜延伸は歴史的に軍による強い要望があった。明治時代に観音崎要塞まで鉄道を希望していたものの叶わず、東京湾の防衛の要地でもあった三浦半島に物資輸送ができる鉄道が横須賀までしかないことから昭和15年に測量が開始され翌年起工、４年の

久里浜駅　大窓をならべた戦時中形駅舎

歳月をかけて久里浜まで開通した。大戦末期の久里浜には平地を利用して海軍軍需部の倉庫など数多くの軍事施設が集まり、鉄道開設は急務だった。このため駅舎も大屋根をもつ堂々とした構えで、正面に7つの大窓を並べた無表情な印象のデザインだ。それでも駅前広場は大きく、駅全体に感じるただならぬ立派さは捨てがたい。これに比べると、築堤を築いて久里浜駅前にホームをおく京急久里浜駅はかなり窮屈に感じるが、じつは昭和17年（1942）開業と、こちらのほうが早い開業なのも面白い。久里浜駅の名称も京急が先に使っていて、横須賀線延伸をうけて駅名を譲渡し湘南久里浜駅と名乗った。あとからやって来て、駅名を奪い、大きな顔をしているのが久里浜駅なのだ。

第3章

中部・北陸

奇跡のように残る明治末期の歴史的駅舎　ＪＲ中央本線【東京〜名古屋】

「青春18きっぷ」などで駅舎めぐりをするとき、運転本数が少ないローカル区間は待ち時間が多く、また主要幹線になると古い駅舎がそもそも少ない。ところが新宿から名古屋を結ぶＪＲ中央本線は今も明治時代に建てられた駅舎が数多く残り、好ましい駅舎と雄大な風景を同時に楽しむことができ、なにより列車本数も多く移動の効率のいい路線だ。

とはいえ３９６・６㎞、駅数１１２の長大路線なので狙いを絞らないとそれなりに苦労する。基本的に東京〜塩尻間の「中央東線」区間はピンポイントで好みの駅舎を攻略し、「中央西線」の塩尻〜名古屋間、特に木曽谷を中心に木造駅舎がずらりと並ぶ区間では、自分好みの無名駅舎を各駅停車でめぐり、まったり過ごすのもいいだろう。このあたりは幹線にもかかわらず単線区間も残り、奈良井宿のように駅が近い観光地も多い。

中央本線の歴史をたどれば明治22年（１８８９）の甲武鉄道新宿〜立川間の開業に始まる。私鉄の甲武鉄道は八王子まで延伸したところで明治39年（１９０６）に国有化される。また、それ以前に官営鉄道が八王子から甲州街道に沿って西に建設を進めていて、同時に名古屋方面からも明治33年（1900）に名古屋〜多治見間が開業、明治43年（1910）には木曽福島まで延伸した。最終的に明治44年（1911）の宮ノ越〜木曽福島間の開通により昌平橋（現・廃止）〜名古屋間が全通、晴れて中央本線となった。ぎりぎり明治時代のうちになんとかなった路線といえる。当然のことながら初代駅舎はすべて明治建築で、令和から数えて、元号4代前の歴史的駅舎が奇跡のように残る路線になっている。

ＪＲ中央本線・駅舎旅

●東京〜塩尻

「駅舎」の文脈で中央本線を語るとき、まず**御茶ノ水駅**から始めなくてはならないだろう。昭和7年（1932）に竣工した御茶ノ水駅は、神田川に面した狭い空間に総武線を乗り入れさせるため、進行方向別にホームを振り分け、無装飾のコンクリート駅舎をお茶の水橋に連結させた。設計はモダニズム建築で知られる伊藤滋（1898〜1971）で、「駅舎も通路の一部」と割り切った機能主義を世に知らしめた駅だった。本来なら千駄ケ谷駅舎も昭和30年代の際立ったモダニズム駅だったが、2020年のオリンピック関連工事で見る影もなくなった。それでも昭和41年（1966）の**新宿駅**西口広場の立体的なプランは、あのル・コルビュジエに師事した坂倉準三（1901〜1969）によるもの。情緒に流されず機能と美しさを両立させる才能は、大都会でこそ生きるのだろう。

ここからずっと西に走って初めて現れる木造駅舎が**日野駅**だ。幕末に新選組を生んだ日野地方の原風景のような入母屋造りの民家風駅舎は昭和12年（1937）建築、しかしこの駅舎、御茶ノ水駅を設計した、伊藤滋設計説が濃厚というから面白い。

今、予断を許さない状況におかれているのが**高尾駅**北口駅舎だ。昭和2年（1927）に、大正天皇大喪の際の仮設駅舎（新宿御苑）を移築したもので、設計は旧大社駅を手がけた曽田甚蔵の名が伝えられている。おそらく移築駅舎は仮設駅舎の部材を使って別デザインで建てられたようだ。この駅舎はいずれ旧東浅川駅跡に移築されるという。

中央本線はこれより西進し山梨県に入ったところに明治43年（1910）建築の**四方津《しおつ》駅**がある。近くの梁川《やながわ》駅や鳥沢駅が相次いで改築された今、東京近郊では最後の砦の明治駅舎だ。富士急行線が接続する**大月駅**は昭和4年（1929）のログハウス駅舎、観光を意識した駅舎が全国に建てられた時代の傑作駅舎だ。中央本線はこの先の笹子トンネル

（4656ｍ）を抜けて甲府盆地に出る。このあたり、駅舎としては見るべきものは少ないが、平成20年（2008）に完成した**竜王駅**は建築家、安藤忠雄による斬新なデザイン。次の**塩崎駅**も平成26年（2014）に曲線を多用したモダンアート風駅舎に改築された。

中央本線はこれより次第に高度を上げ、八ケ岳や南アルプスを見渡す絶景路線になる。**日野春駅**は明治37年（1904）開業時からの駅舎。長野県内に入った**信濃境駅**や**富士見駅**は高原のたたずまいがすばらしい。いずれの駅も標高は900ｍを超えている。中央本線はここから諏訪湖に向かっていき、諏訪市街の中心、**上諏訪駅**には昭和25年（1950）竣工の、片流れ屋根の戦後モダニズムスタイル駅舎が健在だ。岡谷から飯田線が分岐する辰野経由で塩尻に至る中央本線の別線、つまり「大八廻り」（伊那出身の伊藤大八代議士が政治力で路線を辰野経由にしたという）の区間にも**川岸駅**という雰囲気のいい大正生まれの木造駅舎を残している。

●塩尻～名古屋

塩尻からひとつ目の**洗馬《せば》駅**は明治42年（1909）の大柄な木造駅舎だ。今は無人だが古い構造をよく残している。中山道の宿場町にある**贄川《にえかわ》駅**も洗馬とほぼ同形の明治駅舎。

木曽平沢駅の先にはまたもや明治42年の**奈良井駅**がある。駅は有名な奈良井宿の入り口にある。続く**藪原**、**宮ノ越**の両駅も明治43年（1910）と、これほどの密集度で明治駅舎が残っているのも珍しい。木曽福島駅の先、**上松**《あげまつ》**駅**は昭和26年（1951）のコンクリート駅舎。天井までの大柱を2本建てた外観は似たものがない個性的なデザインだ。そしてふたたび山が迫ってきたところにまたしても明治駅舎の**須原駅**と**野尻駅**がある。どちらも明治42年（1909）の正統派木造駅舎だ。**坂下駅**は岐阜県に入ったところ、かつては森

日野駅　昭和12年に移転改築

竜王駅　平成20年、安藤忠雄設計の駅舎

上松駅　駅舎は昭和26年に改築された

須原駅　明治42年の駅舎が使われる

林鉄道がここから山中に伸びていた林業の地だ。この明治41年（１９０８）の坂下駅は木材を生かして改修されている。その先、中津川駅をすぎれば大正時代の木造駅舎、**美乃坂本駅**がある。さらに恵那駅の先、**釜戸駅**は改修されているようだが明治駅舎の可能性は高い。だとすれば中央本線現役駅舎で最も古い明治35年（１９０２）だ。

窯業の一大産地、多治見をすぎると名古屋市内に下る庄内川沿いを進む。この区間、名古屋の都市圏にありながら深山幽谷の気配がする秘境感漂うところ。紹介したい中央本線最後の駅はそんな川沿いの絶壁に張りつくようにある**定光寺《じょうこうじ》駅**だ。ここは駅舎というべき建物は存在せず、長い階段で上り下りする異形の駅になっている。そして隣の高蔵寺駅から は住宅街の路線になり、名古屋駅まで続いていく。

大月駅　再開発を免れた観光駅舎の傑作

太い丸太を組んだ玄関の上に神社のような千木《ちぎ》を掲げ、高原の山小屋をイメージした大月駅は昭和４年（１９２９）に竣工した観光駅舎の傑作だ。古い写真を見ると丸太積みは駅舎本屋にまで及び、完成当時は全身ログハウス調だったようだ。それから改修を重ね、

大月駅　平成24年に駅前整備、丸太の駅

今は玄関部分にオリジナルが残るだけだが、低く抑えられた屋根など、全体のフォルムは変わってはいない。この昭和4年に富士山麓電気鉄道（現・富士急行）が大月駅から富士吉田駅（現・富士山駅）まで開通し、そのタイミングで大月駅舎も改築されたようだ。当時の大月は富士講信者の宿泊で大賑わいだったという。

今では名駅舎として知られるようになった大月駅だが、少し前は駅前再開発で橋上駅に改築される予定だった。それが財政難で駅前整備だけに終わり大月駅舎が守られた。ちなみに駅舎正面の山は日射しをさえぎるので地元では「貧乏山」と呼ばれている。貧乏も、駅舎が残るのならいいものだと思う。

日野春駅　絶景の地に明治37年の駅舎

日野春駅　名峰を望む中央本線屈指の絶景駅

　中央本線の下り列車は韮崎《にらさき》駅をすぎると、八ケ岳から伸びる溶岩台地、七里岩にカーブを繰り返しながら登っていく。日野春駅はその台地上にある駅だ。すでに標高は６１５ｍに達し、前には甲斐駒ケ岳、ふり返れば八ケ岳連峰という大景観が展開する。ここに明治37年（１９０４）開業時からの駅舎が残る。切妻屋根の駅舎本屋にひさしをめぐらせたオーソドックスな停車場スタイルで、駅舎左手にひと棟増設しているようだ。周囲に高い建物はなく構内の空は広い。駅頭には見事な山桜が茂り、立ち姿のいい駅舎を引き立てている。今でこそ特急が駆け抜けていく中間駅だが、「蒸気機関車はここで給水するので、列車はしばらく停車した。乗客はホームに出て山の景色に見とれていた」と駅前旅館の主人に話を聞いた。ホームの端にはその給水塔が残っていた。当時、水が貴重な台地なので鉄道局は近隣の若神子新町《わかみこしんまち》から水利権を買って駅を開設したという。ともあれ、晴れた日には途中下車をおすすめしたい中央本線屈指の絶景駅だ。

上諏訪駅　戦後復興期の様式を今に伝える

昭和20年代の戦後復興のとき、まとめて多数の駅舎を建てなくてはならなかった国鉄の設計陣は、片流れ屋根の駅舎を各地で建設した。この形はルーフが山形ではなく傾斜した一枚の板になるので、コストを節約できるうえに屋内スペースが広くとれる利点があった。しかも印象はカッコよく、直線的な構成美は戦前にはなかったものだった。昭和25年（1950）に建てられた上諏訪駅舎もそのひとつで、真正面から見ると垂直に切り立った四角いファサードに横長の窓が連続し、ずらりと並んだ柱がモダンな印象を与えてくれる。そして改札ホールの天井にも窓が開き、ほどよく光が差しこんでくる構造だ。

この片流れ屋根の駅舎は、長野県内ではJR小海線・しなの鉄道の小諸駅にも見られ、

上諏訪駅　戦後形駅舎は昭和25年改築

戦後駅舎の精一杯の工夫を見ることができる。そんな上諏訪駅だが、駅前のデパートもすでに真新しいビルに改築され、一帯は再開発の雰囲気も高まっている。今のうちに見ておきたい駅舎だ。

洗馬駅　木曽谷駅舎めぐりはこの駅から

塩尻駅からひとつ目、中央本線がいよいよ木曽の山中に入っていこうとするところに明治42年（１９０９）完成の洗馬駅がある。いささか変わった駅名だがその昔、近くで木曽義仲の愛馬の脚を洗ったという伝説からこの名が付いた。初めてこの駅に降り立ったときは本線らしい長大なホームが

洗馬駅　木曽谷の入口に明治の駅舎が

あり、折しもタンク車を連結したＥＦ64がモーター音を響かせ、上り勾配に向かって発進していくところだった。反対側から特急「しなの」も疾走してくる。塩尻を境に鉄道文化が異なる「中央西線」に入った印象を受けた。

洗馬駅舎は風雪を経た大柄の木造駅舎で、黒々とした屋根や壁板、待合室には使い込まれた出札口のテーブルや長椅子が残り、少し離れてふり返ると全体が古武士のようなたたずまいを見せていた。一般に１００年を超えた駅は駅舎本屋とホーム屋根などの建築時代が異なるものだが、洗馬駅はホーム柱の財産標にも明治42年の表記があり、オリジナル度の高い駅であることがわかる。この先には数多くの明治駅舎が残る、そんな駅舎めぐりの始まりはこの洗馬駅が最適だと思う。

富士急行【大月〜富士山〜河口湖】

富士山麓電気鉄道時代の面影を求めて

大月から富士山に向かって走る電車に乗ると、次々に現れる駅舎に魅了される。この富士急行もむかしながらの駅舎をよく残している鉄道だ。そして有人駅が比較的多いのも特徴だ。インバウンドブームで活気づく富士山周辺、水戸岡鋭治氏デザインの「富士山ビュー特急」の投入など独自の観光列車を走らせる地方私鉄の個性派だが、雄大な富士山を見ながら沿線の小さな駅をめぐる楽しさも味わえる駅舎堪能路線だ。

今では想像もつかないが、明治から大正にかけて富士山麓には馬車軌道の路線がめぐり、大月から山中湖を通り、籠坂峠を越えて御殿場まで連絡していた。都留《つる》馬車鉄道、富士馬車鉄道、御殿場馬車鉄道という名も残っている。もとより馬車鉄道は簡易な軌道のため廃止後は道路や畑になり、またあるところは山林に戻っていった。しかしその馬車鉄道がこの富士急行の源流となった。昭和４年（１９２９）に都留馬車鉄道と富士馬車鉄道の一部の路線を譲りうけるかたちをとりながら、あらたに設立された富士山麓電気鉄道は国鉄と同じ軌間で大月〜富士吉田間（現・富士山駅）に電気鉄道線を開通した。この結果、大月～富士吉田間は約1時間に短縮され（以前は2時間以上）、昭和9年（１９３４）には早くも新宿から直通電車「高嶺号」も運転された。その路線はちょうど相模川の上流、桂川に沿って富士山北麓ににじり寄っていく形だ。この鉄道はさらに富士吉田から山中湖を目指す路線免許をもっていた。富士山駅のレイアウトを見ても電車の向きは山中湖を向いていた。しかし、戦後になって行き先が変わる。山梨県は将来的に河口湖の観光開発を進めることとなり、富士急の路線も文字どおり「方針転換」して河口湖方面に向かうようになる。このため富士山駅の通過はスイッチバックを余儀なくされた。河口湖線の開通は昭和25年（１９５０）、昭和35年（１９６０）に社名を富士急行に改称している。

そのような歴史から、見るべき駅舎は戦前に開通した大月線に集まり、特に人口が集中していた都留市駅や、昭和20年代に紡績産業が隆盛を極めた下吉田駅から月江寺《げっこうじ》駅の周辺は街歩きでも楽しい場所だ。

富士急行・駅舎旅

大月を出た電車はすぐに桂川とともに中央本線から分かれて南下する。その河岸段丘上のきわめて狭い切り通しに上大月駅がある。ここは大月駅からわずか600m、1面1線ホームの待合所だけの駅だが、昭和4年（1929）開業時は大月橋と呼ばれた駅だ。そこから国道139号線と一緒に狭い平地を進むと、ふたたび河岸段丘上の平地に出る。まるで民家のような**田野倉駅**は委託職員のいる有人駅だ。駅舎を中心に対面式ホームが左右を頭に合わせる千鳥状に伸びている。列車すれちがい時に、先頭車両同士の通票交換が楽なように作られた頃の構造だろう。

富士急行では昭和53年（1978）の貨物廃止にともなって各駅を委託化し、駅舎を住居として利用している。線路はこの先でリニア実験線の下を通過し、桂川を渡る。難読駅名の禾生《かせい》駅は都留市の住宅街に入ったところ。ここも業務委託駅で踏切に面して少し奇妙な片流れ屋根の駅舎があり、また富士急行線唯一の跨線橋をもっている。電車は右手に中央高速道路を見ながらすすむと待合室だけの赤坂駅をすぎ、高速道路都留インターの脇を通って大月線の中心的な駅、**都留市駅**がある。ここには個性的なファサードをもつ木造駅舎があり、いい悪いは別にして気合の入ったデザインは必見だ。そこから800m走った**谷村町《やむらまち》駅**は古い木造駅舎をリフォームした建物でタクシー事務所と中華食堂が入居、駅前の商店街も含めて下町の雰囲気も漂う。平成16年（2004）に新規開業した都留文科大学前駅は乗降が多い駅で特急も停車する。次の十日市場駅は一転して簡素な無人駅で人影も少ない。しかしホーム末端は桂川の急流、蒼竜峡に近く、周辺は滝と鉄道が狙える鉄道写真の名所だ。好ましい木造駅舎が見られる**東桂駅**は国道から少し入った住宅地の中、続く**三つ峠駅**はその名のとおり三つ峠登山の下車駅。三角屋根の待合室をもつ可愛い外観もいい、富士急行でいちばん好きな駅舎だ。このあたりから急な登りにかかり、線路はおおきくカーブを繰り返して進む。標高は次の寿駅で７００ｍを超え、葭池温泉前《よしいけおんせんまえ》駅と2駅連続で待合室だけの駅が続き、このあたりから富士山がよく見えるようになる。**下吉田駅**は木造平屋の駅舎を都会のビルのように仕立てた看板建築、ここも平成21年（２００９）に「富士山ビュー特急」を手がけた水戸岡鋭治氏デザインでリニューアルされた。

いよいよ富士吉田の市街地に入っていく電車は８００ｍ先の**月江寺駅**に停車する。周囲はおどろくほどの繁華街で、しかも一様にさびれた昭和の趣が漂う。一帯は織物産業で栄えた歴史があり、昭和30年代には「ガチャマン景気」（ガチャッと機械を動かせば1万円の儲け）で全国からバイヤーが殺到、この月江寺の飲食街は商売繁盛のお父さんたちが連日飲み歩いた古戦場なのだ。

富士山駅はガラス張りの駅ビル、そこに向かってホームがならび、河口湖方向にスイッチバックする構造だ。長年呼ばれた「富士吉田駅」から平成23年（２０１１）に改称したので、すこしばかり違和感も残るが、車両基地も兼ねた駅構内の線路配置は見ごたえがある。

河口湖線はここから始まり、富士急ハイランド駅を経由して終着の**河口湖駅**に向かう。

富士急行駅最高地点８２９ｍの河口湖駅は、平成18年（２００６）に山小屋スタイルだった旧駅舎のイメージで改築された。駅名は河口湖だが見えるのは圧倒的な富士山の絶景だ。山頂までの直線距離は約14㎞、これほど富士山モロ見えの駅は他に知らない。

田野倉駅　昭和４年開業の有人駅

都留市駅　駅舎の外観が個性的だ

東桂駅　駅舎は昭和４年開業時か

月江寺駅　駅舎は戦後のものか

谷村町駅　昭和４年開業時からの駅舎

谷村町駅　絵に描きたくなるような木造駅舎

富士山周遊のメインルートとして観光列車が走る富士急沿線にあって、この谷村町駅は観光とは一歩離れた地元鉄道の表情を見せてくれる駅だ。戦国時代に武田氏の家臣、小山田氏が城主となる谷村城が、駅から見て西側の桂川対岸の山頂に築かれた。江戸時代には谷村藩になったが幕末には廃城になっていたという。それでもながく地域支配の拠点になっていたため、駅前一帯は城下町風の区割りで富士街道の国道１３９号線も、ここで大きくクランク状に曲折する。

さて、桂川を背に建つ谷村町駅には木造駅舎がある。鉄板葺の切妻屋根に大きめな出入り口のポーチを張り出した洋館スタイルだ。しかし長年の使用で年季が入り、古ベンチが壁に造り付けられた待合所なども、オリジナルの姿がわからないほど使い込まれている。改修を重ねて隙だらけになった駅舎だが、今も窓に金属サッシなどを使っていないのも好ましい。おそらく、写真に撮るより絵に描いたほうがよさそうな駅舎だ。残念なのが各駅共通のファンシーな駅名看板と玄関の風見鶏で、これだけは似合わないと思う。駅舎の並びにタクシー会社と「文化飯店支店」という食堂が入居している。そこのタクシーの運転手さんに勧められたこの食堂の唐揚げ定食がうまかった。

三つ峠駅　細部を観察したくなる山小屋風の駅

「昔は東京から終電でやってきて、この待合室で朝を待って、それから登られる方もいました」以前、三つ峠駅の委託駅員の女性は話していた。この三つ峠駅には山小屋のような三角屋根の待合室がある。通常駅の待合室は改札口と同じ屋内にあるが、この駅は小部屋に独立していて居心地がいい。なるほど山男たちにはいい休憩場所だ。そして隣の玄関を玉石の柱で飾り、さらに細かく見ると、人造大理石に木製の手すりを付けた改札ラッチ

三つ峠駅　待合室の三角形屋根が目立つ

や、その横には「西桂織物工業協同組合」の展示コーナーもある。ここが繊維産業で栄えた時代からのものだ。駅は今も出札口できっぷを買う方式で、時間になると窓口が開く。またホームの末端には梵字が刻まれたダルマの像がおかれている。ともあれ、三つ峠駅はいろいろなギミックが見られる楽しい駅だ。ただ残念なことに、駅前にうどん屋や土産物屋もあったが、近年火災で失われてしまった。

三つ峠駅は駅名でわかるとおり、富士山が左右対称に見えるという絶景で知られる三ツ峠山（開運山・１７８５ｍ）の登山口にあり、駅から山頂まで６・３㎞、約３時間の行程になる。ホームにおかれているダルマの像は、登山道の中腹にある「達磨石」のレプリカという。

下吉田駅　看板建築を見事にリニューアル

クラシックな駅舎が多い富士急行のなかで、異彩を放っているのが下吉田駅だ。建物は木造だが、正面に向かって箱をおいたような左右対称のデザインがいかにも昭和モダンを感じさせる。以前はこの駅の待合室に売店があり、おばあさんが座って店番をしていたことを思い出す。お菓子を買って渡された袋は、近所のスーパーのレジ袋だった。

そんな下吉田駅が工業デザイナーの水戸岡鋭治氏によってリニューアルされたのが平成21年（２００９）の夏のこと。明快なフォルムをひきたてるように樹木が植えられ、駅名を染め抜いた玄関ののれんを揺らして、標高７５３ｍの高原の風が通り抜けていく。あのおばあさんがいたところには大きな富士山の絵が掲げられ、高い天井の待合室に隣接してカフェや観光案内所もあり、今では地域のよりどころになっている。

下吉田駅は昭和４年（１９２９）の富士山麓電気鉄道により開業した。駅は富士吉田の市街地に入る位置にあり、平坦で比較的広い構内には保線用の施設がおかれて、勾配区間にある富士山駅を補完する役割も担っている。現在の駅舎は昭和20年代初頭に改築されたもので、一説によるとコンクリートの大型駅舎だった２代目名古屋駅（昭和12年）を模し

下吉田駅　元の姿を最大限利用して改修

改修前の下吉田駅舎

たという疑似ビルディングだ。リニューアルしたとはいっても構内踏切や建物内部は昔のまま。構内に特急「富士」のトレインマークを付けた14系寝台車が「下吉田駅ブルートレインテラス」として展示され、専用入場券を買えば寝台車内部を見学することもできる（車内見学は土休日のみ）。また、引退した２０００系「フジサン特急」も展示され、鉄道趣味の小宇宙を作っている。

北信の山々とりんご畑にたたずむ駅舎　長野電鉄【長野〜湯田中】

平成24年（２０１２）の長野電鉄屋代線（屋代〜須坂）の廃止は、駅舎好きにとっては大きな喪失感を感じた出来事だった。この路線は松代駅のように、大正時代の木造駅舎が連なる夢のような路線だった。そんな長野電鉄だが、ひとつの路線になった長野〜湯田中間の長野線にも見るべき駅舎が残っている。路線延長33・２km、全24駅の長野線は１日かけて駅舎めぐりをするにはちょうどいいサイズだ。その路線は大きく分けると４つの沿線風景がある。まず長野市中心街の地下区間、それから千曲川までの市街地区間、千曲川を渡ってから小布施《おぶせ》を経て信州中野に向かう田園区間、最後に山あいの温泉にかけのぼる果樹園区間だ。古きよき駅舎はこの最後の区間に集まっていて、りんごの花が咲く初夏から秋の収穫時期まで、スケールの大きな風景にたたずむ駅舎を楽しむことができる。

この路線の歴史をたどれば大正11年（１９２２）の河東《かとう》鉄道による屋代〜須坂間の開業に始まる。その頃、官設鉄道の信越本線が千曲川西岸を通ったことで危機感を抱いた東岸の人たちが、文字どおり「河の東」を並走する河東鉄道をたちあげたのだ。さらに、これに接続すべく長野電気鉄道が設立され、長野駅から西に線路を伸ばしていく。もっともこの両社の社長は同一人物で、この千曲川流域の鉄道網を目論んだ大きな計画もあったという。

そんな両鉄道だったが問題は広い川幅で流れる千曲川をどう渡るかであった。当時はまともな橋はなく、単独で架橋するには莫大な投資が必要だった。そこで道路との併用橋プラン（村山橋）を長野県に持ちかけ、まんまと実現してしまう。両社が接続を果たした大正15年（１９２６）に合併して長野電鉄になる。そして昭和２年（１９２７）には信州中野～湯田中間の山の内線が開通、長野電鉄は河東線（木島線も含む）、長野線、屋代線をもつ有力私鉄になっていった。また長野電鉄は湯田中の先の志賀高原の観光開発も進め、１９６０年代には上野から湯田中まで直通する国鉄急行「志賀」も運転された。それから幾年月を経た現在、木島線と屋代線が消え、残存路線はすべて長野線に集約されている。

長野電鉄・駅舎旅

長野電鉄の長野駅は昭和56年（１９８１）に地下化され、２面３線の地下ホームから電車が発着している。この地下路線は２・７km先の本郷駅の手前まで続き、長野市は地方都市では珍しい複線地下鉄道の走る街になっている。さてこの先でチェックしておきたいのが**桐原駅**だ。下り線ホームに隣接して大正15年（１９２６）の長野電気鉄道時代の三角ファサードの小駅舎が残っている。相当古びているものの、鉄道駅としての構えは見事だ。それから北陸新幹線をくぐり、しばらく走ったところに島式ホームの**朝陽駅**《あさひ》がある。駅舎は狭い路地の奥にあって、切妻駅舎の側面に玄関をおく白壁の駅舎が好ましい。

これより単線になった長野電鉄長野線は附属中学前という奇妙な名前の駅に出る。気になるので調べたら、あの元東京都知事の猪瀬直樹氏を卒業生にもつ信州大学附属中学校のことだった。続く柳原駅は平成24年（２０１２）にシンプルな待合所に改築されてしまった。以前は古くて小さな木造駅舎があり、絵に描きたくなるような駅風景が見られたところ。柳原駅を出ると線路は国道４０６号線と並走して全長８３７・８ｍの村山橋で千曲川を渡る。現在の橋は平成21年（２００９）に完成した２代目の鉄道・道路併用橋だ。その先、千曲川の築堤から下ったところにシンプルな木造駅舎の**村山駅**がある。長野線はそのまま須坂市の市街地に入り、まだ廃線跡が生々しい旧屋代線に合流する形で須坂駅に向かう。駅構内の車庫を見ながらのどかな畑作地帯を進むと、観光客で賑わう小布施駅がある。

駅構内の「ながでん電車の広場」にはかつての名車、２０００系電車が１編成静態保存されている。ここから信州中野駅までの間は北信の車窓風景を楽しみたい。

信州中野駅は平成14年（２００２）まで木島線が分かれていた駅だ。さて、いよいよここから線路はカーブを繰り返す勾配区間に入っていく。次の**中野松川駅**は住宅の一部が駅舎になっているような古びた建物で、私鉄駅舎の原形を見るようだ。続く**信濃竹原駅**もぶどう畑のなかに昭和２年（１９２７）の駅舎が残る。かなりの老朽駅舎だが、玄関に取り

桐原駅　大正15年開業時の駅舎が残る

村山駅　長野電気鉄道時代の駅舎

中野松川駅　昭和２年開業時からの駅舎

信濃竹原駅　開業時の駅舎、かなり古い

付けられた赤い郵便ポストが程よいアクセントになっている。さらに電車は急勾配を登り、雄大な北信濃の山々がカーブのたびに見え隠れする。**夜間瀬駅**《よませ》は待合室だけの簡素な駅だがホームからの景観はすばらしい。このあたりが40パーミルの急勾配だ。りんご果樹園のなか、ぐんぐん登る先に終着の**湯田中駅**がある。小高い尾根におかれた駅は1面1線だけのやや窮屈な構内だが、ホームに並行して建てられた駅舎は昭和30年（1955）竣工のモダンで斬新なデザインだ。ホームの反対側にある旧駅舎（日帰り温泉の隣にある）とともに、ゆっくりと鑑賞したい名駅舎だ。

朝陽駅　人と犬や猫しか歩けない平和な空間

　長野市の郊外、ちょうど家並みが連続するところに、ちらほらと畑が点在するような、ここ20年ぐらいで家が増えた……みたいな場所に朝陽駅がある。あらためて言うがこの駅舎には特別なデザインや特筆すべき特色はない。昭和31年（1956）に改築された駅舎もごく単純な切妻造りで、線路に並行してその妻面に玄関を開いている。そして改札口から構内踏切まで駅舎から屋根が伸び、たぶん下車専用だったその屋根の下にも自由に出入

朝陽駅　ここから単線になる郊外の駅

りできる。夏の夕方になると近隣のお年寄りが委託職員を相手に涼んでいたりする。つまり新しいものがほとんどない木造駅舎の世界が朝陽駅にはあるのだ。駅の周囲には民家が建て込み、駅前には送迎の軽自動車も入れない路地になっている。しかも、県道から駅舎までのささやかな敷地には立派な自転車置き場が占領している。クルマ的には八方塞がりの駅頭は、人間と犬猫しか歩けない平和な空間になっているのだ。いっぽう長野線はこの駅までは複線で、湯田中方面は単線になる運転上の重要駅でもある。そんな理由から列車交換も多い。

ともあれ、むかし、こんな駅はどこにもあったなあ、そう感じさせる朝陽駅は、ただ居るだけで幸せになる駅だ。

湯田中駅　二つの駅舎がある志賀高原の玄関駅

長野電鉄の駅舎のなかでも筆頭にあげたいのが湯田中駅だ。急勾配を登ってきた電車は志賀高原から流れる夜間瀬川の北にある丘に終着駅をおいた。かつて列車は駅をすぎたところまで進み、一旦スイッチバックしてホームに進入していたが、平成18年（２００６）にホームを少し移動させてこれを解消した。尾根上にある駅からはどの方向に歩いても坂道という難所の駅なのだ。そんな高台にある駅にはホームに並行するように垂直線を強調したデザインの駅舎を構えている。特に玄関部分にならぶ逆三角形の柱が特徴で、木骨モルタル塗りの各所に石板を貼って外観上のアクセントにしている。その外観から大きな建物にも見えるが、実はかなり横長でほとんど長屋門のような形状だ。また駅舎両端には２階部分があり乗務員の宿泊所になっている。

さて、長野電鉄の当初の路線免許はこの先の渋温泉だったが、用地買収ができずここに駅をおいたという。ホームの反対側には昭和２年（１９２７）開業時の駅舎も残り、一帯の地名だった湯田中が駅名になった。現在の駅舎は昭和30年（１９５５）に２代目駅舎として完成した。それ以前の昭和27年（１９５２）に志賀高原の主なスキー場が進駐軍の接

湯田中駅　傾斜地に建つ終着駅だ

昭和２年開業時の駅舎も反対側に

収解除になり長野電鉄に払い下げられた。ここは進駐軍の命令で日本初のスキーリフトが建設されたほどの高原リゾートだった、そんな志賀高原観光の玄関としてこの湯田中駅舎が建設されたのだ。今でも電車が到着するたびにかつてのＰＲソング「美わしの志賀高原」がホームに放送されている。

駅舎が雄弁に物語る６電鉄大合併の歴史

富山地方鉄道【電鉄富山〜宇奈月温泉・立山・岩峅寺】

富山平野を縦横に走り、北アルプスの山ふところに路線を伸ばす富山地方鉄道。その総延長は１００・７㎞（軌道線も含む）におよび、有料特急も走らせる北陸私鉄の雄だ。

住民が「ちてつ」と呼ぶ電車に乗るとよき駅舎が次々に現れる。あるものは洋館、あるものは道場風、またあるものはバラック風と退屈するヒマもない。ここは豪雪地帯にもかかわらず古き木造駅舎が残る土地なのだ。そして、よく見れば路線ごとに駅舎の傾向も違う。もともと富山は黒部川や荘川の水力発電に恵まれて戦前から電車王国だった。そこに昭和13年（１９３８）に制定された陸上交通事業調整法がやってきた。つまり戦時統合だ。この法律により、昭和18年になって、富山電気鉄道、富山県営鉄道、黒部鉄道、加越鉄道、越中鉄道、富山市営軌道の６電鉄が統合されて富山地方鉄道になった。だから元の鉄道会社ごとに駅舎デザインが異なるのだ。ざっくりと路線別に語れば、本線はコンサバティブな木造駅舎と大胆な洋館駅舎のコラボレーション、不二越《ふじこし》・上滝《かみだき》線は枯れた大正駅舎に戦後モダン派、立山線は和風重厚駅と山小屋スタイルと、書いているだけでもわくわくする。そんな約80年前の大合併の残滓を、いま駅舎に見ることができるのも面白い。さらにホームや待合室、線路配置や自社改造の電車など、見れば見るほど楽しくなる。ともあれ北アルプスと富山湾に囲まれた天地に、よき時代の電車文化がまるごと存在している。ここは1日でめぐることは難しい電鉄だ。

富山地方鉄道・駅舎旅

●本線

北陸新幹線の開業や改築で見違えるようになった富山駅だが、その一隅にある電鉄富山駅のたたずまいは変わっていない。それでも、すべて屋根におおわれた3面4線の頭端式ホームにはカラフルな特急も発着し、地方民鉄の起点駅としては規模、風格ともにトップクラスのターミナルだと思う。

さて、発車した富山地方鉄道本線の電車は北アルプスの好展望地、稲荷公園の南側を走って**稲荷町駅**に着く。富山地鉄は稲荷町車両基地において電車の検修や、場合によっては大規模な改造まで行う。さすが機械に強い工業都市の側面ももつ富山市の電鉄だ。稲荷町駅からは南に不二越線も分岐する。本線はそのまま進むと木造モルタル駅舎の**東新庄駅**がある。ここはなんとも不思議な造形をもつ駅だ。富士急行都留市駅に匹敵する「違和感駅」として覚えておきたい。そして、常願寺《じょうがんじ》川を渡った先にあるのが、待ってました！と叫びたくなる**越中三郷《えっちゅうさんごう》駅**だ。瓦屋根に特徴あるファサードを掲げ、右書きの駅名も珍しいクラシックな駅舎が健在だ。これより先に、いよいよ**寺田駅**が登場する。立山線との分岐駅でＹ字型ホームの股に信号所兼待合室を構える構内レイアウトがユニークで、古びた木造駅舎も残る有人駅だ。構内の変電所や振り分けられたホームなど、歴史が語りかけてくるような構内にいると、時が経つのを忘れてしまいそうになる。これより富山平野をまっすぐ進むと、まるで衝突するように**上市《かみいち》駅**に到着する。ここで電車はスイッチバックして北上するのだが、長年のいきさつで平地の真ん中にスイッチバック駅ができてしまった。今となっては利用者も運用も面倒くさいと思うが、「いきさつ」とはこういうものだ。駅舎は昭和時代のコンクリート駅ビルだが、風雪を経て味わいも出てきた。

　ずいぶん平野を走った電車だが、やがて前方に丘陵が見えてくる、それを避けるように海岸部に進む富山地鉄本線は旧ＪＲ北陸本線の、今では第三セクターとなった、あいの風とやま鉄道に沿って進むようになる。そして滑川《なめりかわ》駅をすぎたところに**浜加積《はまかづみ》駅**がある。あ

東新庄駅　特異な外観の駅舎は無人駅

越中三郷駅　昭和６年開業時の姿を残す

経田駅　昭和15年、旧石田港駅を移築

電鉄黒部駅　昭和26年改築の大柄な駅

の越中三郷駅に似たデザインの木造駅舎がうずくまるように残っている。続く**早月《はやつき》加積駅**も嬉しくなるような木造建築だ。この区間は旧富山電気鉄道が昭和11年（１９３６）に開業した区間、その駅舎の原形を最もよく宿しているのが**西魚津駅**だろう。このあたり、よくぞ残ったという気持ちになる。なぜかといえば、いつ改築されてもおかしくないほど老朽化した駅舎群だからだ。富山湾に面した魚津、黒部の両都市を貫いて走る電車は、**経田《きょうでん》駅**と**電鉄石田駅**というモダンで都会的な洋館駅舎を車窓に見る。さらに次の**電鉄黒部駅**はひと目見たら忘れられない駅舎だ。美醜はともかく、勢いを感じるデザインはいいものだ。ここは旧黒部鉄道の本拠地駅でもあり構内には留置線と車庫もある。

富山地鉄の駅では珍しく戦後改築の駅舎で佳作ぶりを見せるのが**東三日市駅**だ、昭和34年（１９５９）の建築だが細かなデザインがおしゃれで、このままカフェにしたくなるほどの完成度を見せる。その先、**荻生《おぎゅう》駅**と平成27年（２０１５）開業の新黒部駅の先にある**舌山《したやま》駅**はいずれも飾り気のない実用駅舎だが、その古さが魅力的。枯れきった待合室の**若栗駅**と、２駅先の**浦山駅**も絵に描きたくなるような風情だ。さらに黒部川の渓谷に入ったところにある**愛本駅**は、旧黒部鉄道がハーフティンバーの洋館駅舎を奢っている。このように、めくるめく魅力あふれる駅舎を沿線にならべた富山地方鉄道本線を走る電車は、黒部峡谷の入口、宇奈月温泉に向かって勾配を登っていく。

●立山線

寺田駅から富山平野の広大な水田地帯を南下する立山線は立山町の中心街に五百石駅をおいている。平成23年（２０１１）まで風格ある駅舎があったが、今では図書館との合築駅になっている。その分、それ以後に連なる**榎町駅**、**下段《しただん》駅**、そして**釜ヶ淵駅**には３連続で古い駅舎が使われている。なかでも下段駅の古色蒼然とした立ち姿は、早いうちに見ておいたほうがいいと思う。さて、常願寺川が平野に流れ出す扇状地の入り口に名駅舎の誉れ高い**岩峅寺駅**《いわくらじ》がある。かつて役所も兼ねたという噂の駅舎は時代を超えた風格を宿す。ここは稲荷町駅からの不二越・上滝線も接続する小さなターミナルで、近隣に立山信仰の中心になる雄山《おやま》神社前立社壇という神仏習合の遥拝所があり、その門前集落の名をとって駅名となった。

立山線はこれより常願寺川の渓谷をさかのぼっていく。それでもまだ水田のあるところに、かなり荒れ果てた木造駅舎の**横江駅**があり、いよいよ平地も少なくなった**千垣駅**《ちがき》では、瓦屋根の駅舎をホームの端に構えている。６００ｍ先の**有峰口駅**《ありみねぐち》との間で電車はアーチ鉄橋で常願寺川を渡る。ここは特急列車も徐行する絶景の橋だ。その有峰口駅も相当に古びているが、左右に二つのファサードをもつ駅の風景は捨てがたい。いよいよ立山連峰が目前に迫ってくる渓谷をゆっくり進む電車、その途中にある木造駅舎の**本宮駅**《ほんぐう》は急勾配の駅、これをすぎれば終着の立山駅は近い。

●不二越・上滝線

稲荷町駅から市内電車が接続する**南富山駅**までは、明治時代に富山軽便鉄道が開業した古い路線だ。これが改称や合併を経て全長３・３㎞の不二越線になった。沿線の不二越駅は無人ホームだけの駅だが、ここには世界的な機械メーカー、不二越富山事業所がある。南富山駅にはホームから待合室までの通路に市電を止める（線路に遮断器がおりる）踏切がある、これは必見だ。

横江駅　駅舎は戦後改修か

有峰口駅　昭和12年開業時の駅舎

上堀駅　大正10年の駅舎は住民が清掃

上滝駅　昭和33年の国体開催で改築

さて、南富山駅から路線名は上滝線になる。こちらは大正10年（1921）に富山県営鉄道が開業した区間だ。線路は富山市郊外を進んでいくが、まるで映画のセットのような**上堀駅**と**開発**《かいほつ》**駅**という、ほぼ同形の大正生まれ駅舎が見られる。さらにその先の**月岡駅**は、古い駅舎はもとより、剱《つるぎ》岳とそれに連なる北アルプスの大展望が開けるところ。好展望が多い富山地鉄だが、ここがいちばんの車窓絶景だと思う。昭和33年（1958）改築の**上滝駅**舎はすっきりとまとまったモダンな公共建築風、ここも同年代の東三日市駅（本線）に近い戦後モダン駅の傑作だ。一転して常願寺川を渡る直前の**大川寺**《だいせんじ》**駅**は、ホームがコンクリートのシェッド内にある異形の駅。不二越・上滝線はその南端に来て、なかなかの個性派駅舎が見られる路線になっている。

寺田駅　鉄道模型のジオラマのような駅

黒部峡谷をひかえた宇奈月温泉駅と立山黒部アルペンルートの玄関、立山駅。そのふたつを結ぶ寺田駅は富山地鉄にとっては重要なジャンクションだ。とはいっても周辺は広々とした水田で駅前に小さな集落があるだけ。遠くには屏風のように並ぶ北アルプスがかす

寺田駅　ホームに信号監視所が建つ

昭和６年開業、駅舎は改修済

んで見えた。「ここは田舎の割に発着する電車が多い」と委託の職員も話すように本線、立山線はともに単線なので寺田で列車交換することが多く、ほぼ15分ごとに電車がやってくる。

Ｙ字状の構内には２線４本のホーム、そして変電所と駅舎が鉄道模型のように集まっている。とくに屋根に信号所の監視室がある中央待合室が目をひく。かつて、ポイントが手動の頃はこの監視室から見て切り替えたという。今でこそ無人の信号所だが、以前内部を見せてもらった時は宿直室やかまどもあった。「昔

西魚津駅　瓦屋根の洋館風、柱が立派

は駅長以下5～6人の駅員がいた」という寺田駅。昭和6年（1931）に富山電気鉄道の電鉄富山駅～上市口駅間の開通によって開業。同時に立山線も五百石駅まで開通。当初から大手私鉄と同じ1500Vで電化されていた、電力が潤沢な富山県らしい話だ。駅舎は開業時からのもので他の中間駅と似た外見だが、雪国の風雪に耐えた木造駅舎やホームの屋根も補修しながら使っている。

西魚津駅　切り欠け屋根には右書きの駅名が

富山地方鉄道の駅舎を見ると、多くが正面の壁に駅名を直接書き込んでいることに気がつく。寺田駅では切妻の妻面にあり、越中三郷駅やこの西魚津駅では屋根の一部を切り欠いて駅名を入れて、デザイン状のアクセントにしている。昭和11年（１９３６）に竣工した西魚津駅には黒川清三郎設計、浅野組施工という記録も残っているが、ちょうどこの頃いくつもの駅舎が改築されたこともあり、多くにこの設計者が関与している可能性が高い。西魚津駅舎を見れば瓦屋根の駅舎本屋は小さめだが、深く張り出した小屋根をがっちりとした柱で支え、雪国らしく駅頭に身繕いの空間を作っている。玉石を化粧貼りしたホームや、電車の乗降部分に屋根をかける構造もおしなべて小ぶりで、個人住宅のような親しみを感じる駅舎だ。駅の周辺は畑と、あいの風とやま鉄道の築堤が伸び、また、大正２年（１９１３）に創立された国内現役最古の「魚津水族館」は徒歩15分の距離。そんな景色も含めて訪ねたい駅舎だ。

東三日市駅　雛壇の上に建つ小粋なモダン駅舎

戦前のクラシックな駅舎が注目される富山地鉄だが、昭和30年代に建てられた戦後の駅舎も、デザイン的に攻めたものがある。黒部市にある古くからの商店街、三日市大町の東にある東三日市駅は、その当時としては斬新なコンセプトで建てられた駅舎だ。

東三日市駅　昭和30年代のモダンな駅舎

建物はホームの高さにあわせて雛壇状になった階段の上に建ち、四角い駅舎の2面に出入り口を振り分ける開放的な構造。しかも玄関まわりにはタイルが貼られ、軒には人造大理石風プレートに駅名を書き込んだおしゃれな装い。待合室の天井は一段高くなって下屋の部分が出窓のように部屋を囲む、出札口は手荷物の扱いをしない都市電鉄らしいサイズにまとめられている。とにかく造形に破綻がなく、ほかに類を見ない小粋な姿は全国レベルだと見た。

建てられたのは昭和34年（1959）、この前年には富山国体が開催され、それに合わせて上滝線上滝駅（共通するデザインが多い）などが改築されている。この東三日市駅舎もその流れで改築されたのかもしれない。通常は無人だが、平日の朝7時から8時30分のみ駅員が配置される。

岩峅寺駅　多くの謎を孕んだ立山信仰の門前駅

初めて見た時は武道の道場か、はたまた明治時代の警察署か、そんなものものしい印象を受けたのが立山線と上滝線が接続する岩峅寺駅だ。駅舎はその二つの路線が斜めに合流するポイントに面して建ち、唐破風の小屋根をもつ玄関と、２階の大屋根に入母屋を付けた黒光りする瓦屋根で覆う。文字では理解できないと思うが、つまりフロントグリルがでっかい建物なのだ。駅員によると「昔は役場があったと聞いている」というが、旧版地図を見ても町制施行前の旧立山村（旧岩峅寺村を含む）の役場マークは別の場所だった。

ちなみに現在の立山町は昭和29年（１９５４）の誕生で、役場は五百石におかれている。それでも駅舎玄関の横に閉鎖された出入り口があり、２階には使われていない広い部屋がある。また駅前に郵便局やＪＡも立地していることから、ここは地域の中心地だったことは間違いない。その状況から見て駅舎になんらかの行政施設があったのだろう。このような外観から映画の撮影によく利用され、平成21年（２００９）に公開された「劔岳　点の記」（木村大作監督）では明治時代の富山駅として登場。「私も映画の中の駅員として出ました」と年配の駅員が話していた。

岩峅寺駅　堂々とした和風の構え

長椅子が見事な待合室

岩峅寺駅は大正10年（1921）に富山県営鉄道（現・上滝線）の駅として開業し、昭和11年（1936）に富山電気鉄道（立山線）が乗り入れてきた。どちらかのタイミングで現駅舎が建てられたようだ。このように名駅舎の岩峅寺には、まだまだ謎が多い。

散居村に残る明治生まれの線路と駅舎　ＪＲ城端線【高岡〜城端】

富山県の鉄道のなかでも別格の歴史をもつのがこの城端《じょうはな》線だ。まだ官設鉄道北陸線が建設中の明治30年（１８９７）５月４日に城端線の前身、私鉄の中越鉄道が早くも黒田仮停車場〜福野間を開業させ、同年の10月31日には終着の城端まで開業している。これは日本海側では初の民営鉄道として大いに自慢できるものだ。それというのも散居村《さんきょそん》で有名な砺《と》波《なみ》平野の地主層の厚みと、この地域の外港でもある伏木港へ鉄道をつなげることで全国に販路をひろげようとした地元の大きな構想が鉄道建設の原動力になったのだ。また富山出身の金融王、安田善次郎の存在も大きかった。他の地域では幹線鉄道が開通した後に鉄道の力に驚き、これに接続することが私鉄建設の動機になったが、砺波平野ではまず海を目指した。さすがに北前船の中継地のお国柄だ。中越鉄道は明治末には高岡から伏木に延伸し、さらに大正になって寒ブリで有名な氷見まで路線を伸ばした。その後、伏木周辺が日本海沿岸屈指の工業都市に発展したのも、この中越鉄道が大きな役割を果たしたという。

さて、現在の城端線は北陸新幹線に接続する新高岡駅開業でひさしぶりに話題になったが、非電化単線のローカル盲腸線として淡々と120年以上の歴史を重ねている。その分、戸出《といで》、福野と終点の城端に趣深い明治駅舎を残している。私は、この3駅を訪ねるためだけに城端線を旅してもいいと思う。

JR城端線・駅舎旅

平成23年（2011）に橋上駅になった高岡駅だが、地上ホームはかつての北陸本線の駅らしくホームを3本ならべたターミナル駅の風格をたたえている。城端線はその1・2番ホームを使っている。今では第三セクター鉄道、あいの風とやま鉄道になっている旧北陸本線を横断して城端線のキハ40系気動車は南下する。駅を出ると加賀藩前田家ゆかりの大寺院、瑞龍寺の立派な本堂裏手ぎりぎりを通過する。なにゆえ富山県唯一の国宝にもなっている名刹の敷地を削るように線路が通過しているのか。明治維新後、前田家の庇護を受けられなくなった瑞龍寺が背に腹を替えられず陸蒸気に土地を譲ったのか、などと想像してしまう。北陸新幹線接続駅の新高岡駅は巨大な新幹線高架駅西端の軒を借りるように簡素なホームをおいている。しかし城端線に対するリスペクトが感じられないこの扱いは寂しい。ちなみに明治30年（１８９７）に中越鉄道が最初に開業したときの高岡側の起・終点、黒田仮停車場はこの新高岡駅付近だったという。それでも次の**二塚《ふたつか》駅**は瓦屋根の木造駅舎を集落の中に残している。ここは平成27年（２０１５）まで中越パルプ工業からの新聞用紙輸送貨物列車の始発駅だったところで、今でも構内から工場までの１・４kmの旧専用線がレールを残している。続く林駅は棒線ホームの待合室だけの駅だが、その先の**戸出《といで》駅**は中越鉄道開業時からの堂々とした木造駅舎が今も使われている。この駅舎の普

二塚駅　大正３年開業、平屋の駅舎

戸出駅　明治30年開業時からの駅舎

高儀駅　昭和62年、無人を前提に改築

福野駅　明治30年、開業時からの駅舎

請に際して河合市兵衛、平松達次郎なる棟梁の名が伝えられている。城端線はこれ以後、油田《あぶらでん》、砺波、東野尻、**高儀駅**と散居村の中に無人駅がならぶ。砺波駅に近い「砺波チューリップ公園」には中越鉄道時代のイギリス製1号蒸気機関車が静態保存されている。

城端線の旅を続けよう。**福野駅**舎は木造一部2階建ての古色蒼然とした木造駅が必見だ。かつてはこの駅で加越能鉄道加越線が交差していた。また特徴的な駅名看板が名物だったが、今では住民らの要請で駅のホーム側に移設された。続く東石黒駅は片面ホームに待合所だけの簡素な駅だが、水田の中に農家が点在する広大な散居村の只中にある。新駅舎に改築された福光駅をすぎると、前方に五箇山《ごかやま》に続く山々が近づいてくる。のんびりと走ってきた列車は水田の中にある越中山田駅を見て、名駅舎の**城端駅**に到着する。木造平屋の風格ある駅舎には観光案内所が入っている。線路の端には積雪計が立ち、ここが豪雪地帯の終着駅であることを教えている。

城端駅　〝越中の小京都〟にふさわしい風格ある木造駅舎

駅を訪ねたときは夕刻だった。それでも黒々とした艶のある瓦屋根の駅舎が夕陽の残照

城端駅　豪雪地帯の終着駅に明治駅舎

に照らされていた。特徴としては駅舎を半周する二重屋根のひさしが大きい。改札口は駅舎の中、到着時の集札口はひさしの下という乗降分離を行っていた時代の名残りだ。そして正面に張り出した駅事務室や下見板張りの壁、屋根を覆う寄棟のフォルムが組み合わさって明治駅舎らしい貫禄がにじみ出ている。ただし、駅舎は平成27年（２０１５）の北陸新幹線開業を機にリフォームされ、長年親しまれた駅名看板も待合室に移されている。ちなみに北陸本線も新幹線開業に伴って第三セクター化され、ＪＲ城端線と氷見線は他のＪＲ線と切り離されてしまった。起点の高岡駅は海抜10ｍ、そこから29・９㎞の距離を約１時間かけて走り、城端駅の標高１２３・４ｍというおもしろい数で終わる。〝越中の小京都〟と呼ばれる城端の町並みは山田川の対岸にあり、歩いても15分ほどの距離。駅舎のなかには観光案内所もあり、現在の駅業務はその職員が行っている。

福井の山里に点在する大正駅舎の立ち姿

えちぜん鉄道勝山永平寺線【福井〜勝山】

明治15年（1882）、銀座にアーク電灯が灯され、大衆が初めて電気の明るさを体験した。明治21年（1888）には京都と福井を営業エリアに電力会社、京都電燈も設立され、のちに琵琶湖疏水の蹴上《けあげ》発電所からの電力で京都市内に電灯を灯らせた。この頃、多くの電力会社名に「電燈」とあるように、あんどんでも灯油ランプでもない新しい照明を普及させることが国家的な目的だった。ろうそくは火災の原因になり、灯油も輸入に頼っていた時代、石炭や水力による発電は国内でエネルギー調達ができる電力だったのだ。しかし電灯は夜にしかつけず、昼に余った電力需要を求めて電車に目をつけた。

京都電燈は明治28年（1895）に日本初の路面電車、京都電気鉄道を走らせ、鞍馬電気鉄道、嵐山電車軌道などを傘下においた。大正3年（1914）には越前電気鉄道として新福井〜市荒川《いちあらかわ》（現・越前竹原）で開業、大正7年（1918）には大野三番（京福大野）まで開業させている。それが昭和16年（1941）の配電統制令によって電力会社と電鉄が切り離され、京都電燈傘下の鉄道は新たに設立された京福電気鉄道にまとめられた。

私が高校時代の１９６０年代、時刻表を見るとその京福電鉄の路線があちこちにあったのを覚えている。今回は第三セクター化されてえちぜん鉄道となっている旧京福電鉄の一路線、福井市内から九頭竜《くずりゅう》川に沿って古い駅舎を残す勝山永平寺線を旅してみたいと思う。

勝山永平寺線・駅舎旅

平成17年（２００５）から、北陸新幹線延伸にともなって始まった福井駅の改築工事は駅を共にするえちぜん鉄道にも大きな影響があり、ここ数年間は訪れるたびにホームの場所が変わる（一時は北陸新幹線用ホームを使っていた）変貌ぶりを見せている。ともあれ現在のえちぜん鉄道福井駅は当初からの位置に高架化して駅をおいている。

その福井駅を出た電車は平成30年（２０１８）に完成したばかりの高架線を単線で走って新福井駅、福井口駅と進む。ここは三国芦原線が分岐するため１面３線の変形ホームが新幹線駅のような囲いの中におかれている。この先で地上におりた勝山永平寺線は単式ホームの**越前開発《えちぜんかいほつ》駅**に停車、おそらく昭和7年（１９３２）の駅開業当時以来の小振りな駅舎が健在だ。続く**越前新保駅**も大正５年（１９１６）開業時からの駅舎のようだ。さらに路地の奥にたたずむ**追分口駅**と、よき時代の私鉄電車らしい小駅舎が続く。

すっかり郊外の田園風景となった車窓に幾重にもつらなる山脈が見えてくる。この先、東藤島駅、古い待合所が残る**越前島橋駅**、観音町駅と停車していき、やがてホームを2面もつ**松岡駅**に到着する。駅舎は特徴ある洋館づくりで、周囲の町並みにいい感じで溶け込んでいる。この松岡は九頭竜川中流にある古代から栄えた町で、周辺に大型の古墳も点在している。いよいよ山が迫り、カーブを繰り返して進んだ先に、石垣の上に建つ木造駅舎の**志比堺《しいざかい》駅**がある。九頭竜川の雄大な渓谷を走る電車は、やがてやや開けた平地の**永平寺口駅**に出る。その車窓からも旧駅舎の素晴らしい洋館建築が見えるはずだ。今では新駅舎ができているが、ここは旧駅舎のために途中下車したいところだ。

この駅が東古市駅と呼ばれていた頃、永平寺までの6・2㎞の永平寺線が分岐していたが、平成12年（２０００）・13年と、2度にわたって発生した列車衝突事故で旧京福電鉄越前本線そのものが運行停止となり、平成15年（２００３）に第三セクターえちぜん鉄道に引き継がれる前年に永平寺線は廃止された。さて、勝山永平寺線は下志比駅、光明寺駅と簡素な棒線ホームの駅を経て、広大な水田地帯を進んだところに大正3年（１９１４）開業時からの駅舎をもつ**轟《どめき》駅**がある。そして越前野中駅をすぎた**山王駅**もまことに好ましい駅舎風情を見せている。昭和30年（１９５５）に越前野中駅が移転開業した**越前竹原駅**は当時の流行だった片流れ屋根の駅舎が可愛らしい。いよいよ線路の傍らまで九頭竜川が迫る小舟渡《こぶなと》駅、そして待合所だけの保田《ほた》駅を見て、ひさしぶりに集落の中に入ったところにある**発坂《ほっさか》駅**も絵になる駅舎だ。草むす線路を行く電車は比島駅をすぎ、車窓に標高１６２５ｍの経ヶ岳が見えてきたら終着の**勝山駅**だ。駅舎は改修工事が終わり、かなり小奇麗になったが、大正３年（１９１４）開業時の姿を踏襲しているという。

追分口駅　大正４年開業時の駅舎か

志比堺駅　斜面の木造駅舎から眺め良好

轟駅　九頭竜川近くに大正時代の駅舎

越前竹原駅　片流れ屋根、戦後改築か

松岡駅　重厚な屋根まわりの駅舎は必見

松岡駅　いにしえの城下町に建つ個性派洋館駅舎

今では駅名にその名を残す松岡という地名。江戸時代には福井藩主松平家の支藩として成立した越前松岡藩の城下町で、平成18年（2006）までは松岡町の中心地だった。現在は町村合併で永平寺町になっているが、その町役場は旧松岡町役場を使っている。

前置きが長くなったが、この松岡駅はかつての城下町の玄関として開かれた沿線の主要駅だった。そう聞けば松岡駅舎の風格も納得できるだろう。昭和8年（1933）頃に改築された駅舎は2代目で、木造平屋ながら急傾斜の瓦屋根をもち、妻面にドンと玄関を張り出す自信満々の洋館駅舎は只者ではない印象を与える。

以前は黒ずんでいた壁の南京下見板張りも白く塗られ、水色の古レールと相まってパステルカラーの駅舎になった。まずは一見の価値がある駅舎だ。現在は女性職員が勤務する有人駅で対面式ホームをもち構内踏切で連絡、駅舎は国の登録有形文化財になっている。

旧永平寺口駅　路線の中間にある大正時代の傑作洋館駅舎

北陸のローカル線にすばらしい洋館駅舎があることを知ったのは１９８０年代で、建築専門誌に近代建築として紹介されていた。その頃の駅名は東古市で、鉄道ファン的には駅舎ではなく永平寺線の分岐駅という認識だったと思う。ちなみに永平寺線廃止を受けて平成15年（２００３）に永平寺口駅に改称し、平成26年（２０１４）には新駅舎が線路反対側に完成した。そして旧駅舎はリフォームされ「地域交流館」として利用されている。

ホームの段上に建てられた旧駅舎は変形寄棟瓦葺屋根で、その妻面に立派すぎるほどの玄関ポーチを構えている。玄関上部には半円形にデザインされた窓があり、左右の細かな妻飾りや側面の上げ下げ窓などをもつ西洋館スタイルで、全体のフォルムも破綻のない完成度の高い駅舎になっている。ホーム側から見れば屋根の片面を長く葺きおろし、そのま

旧永平寺口駅　駅舎は大正3年の名建築

まホームの上屋にするなど豪雪地帯らしい工夫も見られる。

建てられたのは大正3年（1914）の路線開業時で、当初の駅名は永平寺駅だった。

旧駅舎の地域交流館には鉄道に関する展示もあり見学も可能だ。また近くには越前電気鉄道の親会社だった京都電燈古市変電所の赤レンガの建物もあり、こちらも興味が尽きない。

ところで昭和47年（1972）公開の映画「男はつらいよ」第9作「柴又慕情」にこの駅舎が登場した。ちなみにマドンナは吉永小百合だった。

下見板張りの洋館スタイル

第4章

東海

昭和モダンな洋風駅舎のリゾート線　ＪＲ伊東線【熱海〜伊東】

熱海駅から伊豆半島東岸に進むＪＲ伊東線は、地勢的に険しい海岸地帯を走る鉄道だ。このため全通したのも昭和13年（１９３８）になってからで、わずか16・９㎞の鉄道のために昭和２年（１９２７）の測量開始から11年の歳月を要している。この間には来宮《きのみや》〜伊豆多賀《たが》間の不動トンネル（１７９５ｍ）や網代《あじろ》〜宇佐美《うさみ》間の旧宇佐美トンネル（２９１９ｍ）という長大トンネルも掘削している。

江戸時代から江戸と上方の海上交通の中継地として栄えた伊東は、「豆州《ずしゅう》湯河原温泉」という樽詰の温泉水を江戸で売り出すほどの名湯としても知られていた。しかし後背地を伊豆箱根の山にはばまれ、伊東への交通路は明治時代になっても蒸気船か、中伊豆に抜ける峠越えの修善寺街道に頼っていた。それでも気候温暖の地が好まれ、大正時代になってからは北里柴三郎や若槻礼次郎、東郷平八郎といったが著名人が伊東に別荘を構えるようになる。そして大正15年（１９２６）の政府の鉄道会議で熱海〜下田間の鉄道建設が決まる。その建設途中におきた世界恐慌などもあって鉄道建設は伊東までで打ち切られ、はじめは複線で計画されていたものの単線のまま今に至っている。とはいえ、温泉地をめざしたリゾート路線だけに、沿線の各駅舎は簡潔で主張の少ない洋館風に統一され、時を経て海辺の風景の一部になっている。今でこそ南伊豆に向かう特急列車の通過路線になっている伊東線だが、鉄道駅舎を楽しむために、各駅停車でめぐるべき路線だと思う。

JR伊東線・駅舎旅

熱海駅1番ホームは伊東線専用で他のホームより短い10両編成サイズ、ここまで伊豆急行の電車も頻繁に乗り入れてくる。次の来宮駅までの路線戸籍は東海道線になっていて、伊東線の0キロポストは**来宮駅**におかれている。その来宮駅舎は東海道本線が丹那トンネルの抗口まで高度を上げるために築かれた大きな築堤の上に駅をおいている。駅舎はスパニッシュ瓦にハーフティンバーの南欧風で、近年人気を集めている来宮神社や、熱海梅園の最寄り駅として西熱海の玄関口にもなっている。伊東線はここから単線になり、大きくカーブして東海道本線から分かれて、これより伊豆半島東岸を南下していく。

一旦内陸部に入った伊東線は長大なトンネルを走って、ふたたび地上に出たところに**伊**

豆多賀駅がある。海沿いのイメージが濃い伊東線だが、ここはすっかり山あいの駅といった感じで、小高い丘を削ったところに苦しげに駅をおいている。とはいえ、ここも階段の上に瀟洒な木造駅舎を構えている。伊豆多賀を発車した列車は高台から網代の入江を眺めながら走り、高度を下げたところに**網代駅**がある。鉄平石の腰壁に白壁が映える駅舎は簡素な洋館スタイル、駅前から浜まで続く商店街も昔ながらの観光地の雰囲気が漂う。さて、ここから宇佐美までの間は、大地が盛り上がるような分厚い山塊が海まで押し出している

伊豆多賀駅　高台にある伊豆多賀駅

窓が大きな伊豆多賀駅の待合室

網代駅　駅前から渚まで商店街が続く

宇佐美駅　昭和13年からの駅舎

ところ。伊東線はこの難所を長大な宇佐美トンネルで抜け、伊東市に入ったところにある**宇佐美駅**に進んでいく。ここも昭和初期の欧風別荘スタイルの駅舎で、建設当時の国鉄はこの路線をトータルでコーディネートしていた様子が窺える。いわゆる「戦前」が、堅苦しい価値観だけではなく、豊かなリゾートもイメージしていたことがわかる伊東線の駅舎群だ。

ここまでほとんど山沿いを走ってきた伊東線も、やがて国道とともに進んでいき、車窓にハトヤホテルが見えてきたら伊東市街は近い。そんな**伊東駅**は、「伊豆の玄関口はこの駅だ」と言わんばかりの堂々たる駅舎を構えている。正面には南国らしいフェニックスが植わり、華やいだ土産物屋が集まる駅前はいるだけでも楽しい。上野東京ラインの列車はここが終点、伊豆急行線は１番ホームを使っている。

来宮駅　西熱海の玄関になる別荘風駅舎

基本的に長方形になりがちな駅舎の建築だが、玄関位置はその長辺に開くのが一般的だ。しかし、時にはサイド方向に玄関をおく駅舎がある。来宮駅も側面（妻面）に駅名看

来宮駅　平屋だが奥行きが広い駅舎だ

玄関は妻面にある

板を掲げる駅舎だ。このような「妻面駅舎」は駅の立地に余裕がない場所に多いが、来宮駅もホームと交通量の多い道路に挟まれたところに建っている。もちろん昭和10年（1935）開業時の駅前の様子はわからないが、丹那トンネルの廃土で築かれた地盤にあるので駅前は限られていたようだ。その分、妻面にある玄関は二重に小屋根を張り出す立派なもので、オレンジ色の瓦屋根と白壁が上品なリゾート地の空気を演出している。駅舎本屋は大柄で待合室も広く、事務室も大きく取られている。そんな華やいだ観光地の駅だが、平成27年（2015）から無人化されている。

伊東線の駅舎をめぐるとき、腰壁の鉄平石や母屋（もや・軒の丸太）を突き出した屋根のデザイン、そして刻みを入れた柱やハーフティンバーなど、この来宮駅の細かな造りを見ておくと、さまざまな意匠が各駅舎に共通していることもわかるだろう。ちなみに来宮駅のホームから見て、並走する東海道線の丹那トンネル側付近（信号機のあたり）がJR東日本とJR東海との境界にあたり、この両社のほか伊豆急行の電車も見られる駅になっている。

伊東駅　温泉観光地に建つ、戦前からの大型駅舎

昭和13年（1938）、伊東線全通のときに建てられた伊東駅は、木造としてはかなり大柄の駅舎を構えている。中央に背の高い寄棟屋根のホールをもち、その両側に切妻の事務棟を張り出す左右対称の2階建てで、屋根には伊東線共通のオレンジ色のスパニッシュ瓦を載せている。中央のファサードには上下2段と3段の窓を並べてホールの明かり取りとし、駅の全面にわたる長大なひさしを伸ばしている。建物全体のフォルムは、あの横須

伊東駅　木造大型駅舎が今も健在

賀線久里浜駅舎（昭和19年）に通じるもので、装飾性を省いた素っ気なさも感じさせる。駅舎が建てられたのは満州事変から日中戦争に突入していく頃、これは戦時下という時代性もあるのだろうか。

　それでも観光地の駅らしく、駅構内に喫茶店や駅弁屋「祇園」もあって、とくにここの「いなり寿し」は濃いめの味の関東風で一定のファンをもっている。ところで平成31年（２０１９）3月に駅舎の大規模なリフォームを行ったと聞き、問い合わせたらいなり寿しは継続して販売中と聞き安心した。この伊東駅も含め、伊東線の全駅舎が80年以上経て現役ということも、しっかり造られた駅舎は古くならないことを証明しているようだ。

天竜浜名湖鉄道【掛川〜新所原】

バラエティに富んだ昭和駅舎の見本市

天竜浜名湖鉄道は昭和62年（１９８７）に国鉄二俣線が第三セクター化されたものだ。この二俣線は昭和10年（１９３５）から昭和15年（１９４０）にかけて城下町の掛川から静岡県の内陸部を通り、浜名湖の北岸を通って新所原《しんじょはら》に至る67・７kmが開通した。

よく知られているとおり東海道本線が海上から攻撃された際の迂回線としての性格もあった。もっとも、それ以前に「静岡県掛川ヨリ二俣、愛知県大野、静岡県浦川、愛知県武節ヲ経テ岐阜県大井（恵那）ニ至ル鉄道」という遠大な計画が大正11年（１９２２）の改正鉄道敷設法別表にあり、通称「遠美線」という名前も付けられていた。二俣線はこれをアレンジして開通したのだ。ちなみに岐阜県の明知鉄道（恵那〜明智）はその「遠美線」の一部ということになる。このように、かけ離れた二つの鉄道が同じ路線になるかもしれなかったという事実も面白い。

路線距離が長く、古くからの町を結ぶように伸びる天竜浜名湖鉄道の路線は沿線風景もバラエティに富み、茶畑が続く遠州森付近や、天竜川を渡るシーン、そして穏やかな浜名湖北岸を進むなど、地域ごとに特徴が変わる車窓風景も魅力だ。なにより国鉄時代の駅舎が各所に残り、これを利用してカフェやそば屋も開店するなど、駅がコミュニケーションの場になっているのも嬉しい。ここは東海地方でも有数の「駅舎偏差値」の高い鉄道だ。

天竜浜名湖鉄道・駅舎旅

「新幹線駅に木造駅舎がある」ことで知られるJR掛川駅だが、天竜浜名湖鉄道のホームは北口に面して狭いながらも自分のホームをもっている。発車した列車は東海道本線と別れ非電化単線になって掛川市役所前、西掛川と二つの簡素な駅に停車したのち、**桜木駅**に到着する。車内放送で「桜木駅は登録有形文化財」と紹介する駅は千鳥式ホーム（停車するすれちがい列車の運転席が近くなるよう、左右にずらした対向式ホーム）と、時が止まったような木造駅舎が残っている。駅名どおり周辺は桜の名所だ。郊外に出た列車は軽快に飛ばし、3駅先の**原谷《はらのや》駅**もいい感じの木造駅舎がある。このあたりは国鉄時代からの交換可能駅に駅舎が残り、三セク化されたときに新設された駅はホームと待合所だけというパターンをくり返す。いくつかの川を渡り、ちょっとした町に入っていくと広い構内をもつ**遠州森駅**だ。あの「森の石松」出身地の駅舎も戦前の標準設計形停車場が健在だ。

茶畑が点在する里山をまったりと進む列車は、ふたたび3駅先の**遠江一宮《とおとうみいちのみや》駅**でクラシックな木造駅舎に出会う、ここも千鳥式ホーム。駅舎には本格的な手打ちそば屋も入居する。広々とした水田地帯に出た列車は、新東名高速道路や真新しい工場のある一帯を進んでいく。公共施設との合築駅の豊岡をすぎると昭和3年（1928）から6年間はど存在した光明電気鉄道の軌道跡を利用した線路になる。トンネルの天井に架線の金具を見つけて喜

桜木駅　昭和10年開業時からの駅舎

原谷駅　ここも二俣線時代の駅舎が

遠江一宮駅　昭和15年の駅舎にそば屋

二俣本町駅　昭和31年に開業

ぶ乗客がいたらかなりの鉄道マニアだ。

天竜二俣駅は旧二俣線（遠江二俣駅）時代から機関区のあった大きな駅、オールドファンにとってはシゴハチ（C58）の聖地だった所。木造駅舎はもとより転車台のある鉄道設備全体が登録有形文化財になるほどで、見学も可能という。二俣の市街地に近い**二俣本町駅**は単式ホームの下に小さな駅舎がある。以前そば屋があった駅舎は「イン・マイ・ライフ」という1泊1組限定の宿になっていた。

列車はこれより滔々と流れる天竜川を渡って、赤い電車の遠州鉄道と接続する西鹿島駅に出る。天竜川を渡り浜松郊外のゾーンに入った列車は広大な沖積平野を進む。大屋根の木造駅舎が立派な**宮口駅**にはコミュニティカフェがあり、**都田駅**《みやこだ》は北欧ライフスタイルのおしゃれなカフェに改装している。このあたりの陽光あふれる里山風景は嬉しくなるほど、かつては綿花栽培で栄えたところだという。そして**気賀駅**、**西気賀駅**と木造モルタル造りの駅舎が続く、いずれも駅舎内に飲食店が入居している。

すでに列車は浜名湖沿岸に出て、寸座駅からはまったりとした湖岸風景が続く。モダニズムデザインの**浜名湖佐久米駅**《はまなこさくめ》は冬になるとユリカモメが乱舞する駅として有名、駅舎内のカフェから小窓越しに浜名湖も望める。

湖とみかん山の風景になった線路はパン屋が入居する**都筑駅**を経て天竜浜名湖鉄道西部の主要駅、**三ヶ日駅**に出る。広い構内をもつ駅で、駅舎は木造ながら洋館スタイルで好ましい。浜名湖の西岸を進む列車は、延々と続くみかん山を見ながらの旅になる。これより終着の新所原までさしたる駅はないが、ただひとつ、無人の**尾奈《おな》駅**は築堤に張りつくように建てられた異形の駅で異彩を放つ。どのようないきさつでこんな駅舎になったのか、尾奈駅も含めて天竜浜名湖鉄道の駅舎は興味深い。

宮口駅　駅舎は昭和15年開業時のもの

気賀駅　昭和13年開業、中華料理店も

西気賀駅　洋食屋が入居、昭和13年

尾奈駅　複雑な形をした駅舎だ

遠州森駅　二俣線時代からの主要駅

遠州森駅　遠州の小京都の駅は昭和の香り

昭和10年（1935）に二俣線遠江森駅として開業した駅舎は、同時に開業した桜木駅や原谷駅とほぼ同じような、南京下見板張りの壁の上部を白壁（たぶん漆喰）とした切妻瓦屋根になっている。それでも古くからの秋葉街道の宿場町にある駅だけに、ひとサイズ大きな駅舎になっていて、玄関にも立派な車寄せを構えている。この頃の駅舎は天井が高く、窓も室内の明かりとりを兼ねて上下2段になっているが、今も昔ながらの木の窓枠を使っている。このあたりは温暖な遠州の駅舎らしい。

　ホームは駅舎側と島式ホームの2面3線で、ここも上下線の機関車同士が対面する千鳥式のホーム配置だ。東海道本線を補完する路線として、スムーズに通票交換ができるよう配慮したと考えていいだろう。ところで開業時は「遠江森駅」と書いたが昭和62年（1987）の第三セクター転換時に「遠江森」から「遠州森」に駅名が変わった。余談だがこの旧国名は、京から見て近い湖（琵琶湖）を近江、遠い湖（浜名湖）を遠江と呼んだことに由来し、「遠州」もそれが転じたものだという。森町のホームページによれば、「日本風景論」を著した地理学者、志賀重昂《しげたか》もこの森の風景を見て「小京都」と呼んだと書かれている。遠州森駅の近くを流れる太田川はさしずめ鴨川というべきか。その太田川鉄橋と遠州森駅舎はともに国の登録有形文化財になっている。

浜名湖佐久米駅　こんなところにモダニズムの駅舎が

二俣線開業時に建てられた駅舎を使っている駅が多い天竜浜名湖鉄道だが、この浜名湖佐久米駅舎は昭和40年代国鉄建築の一種挑戦的なデザインの駅舎になっている。

コンクリートとモルタル主体の建物は波形スレートの片流れ屋根で、玄関は緑色のタイルで縁取られ、色ガラスの入った丸い穴がアクセントになっている。当初から飲食店が入

浜名湖佐久米駅　カフェのある渚の駅舎

居する前提の合築駅として建てられたようで、玄関脇に店舗の出入り口があり、ファサードの大窓や側面の小窓などの配置も幾何学的なバランスを意識したモダニズムデザインになっている。いわゆる標準設計の駅舎が多い地方の路線にあって、このような設計者の遊び心が伝わってくる駅舎を見るのも駅めぐりの楽しさだ。

　浜名湖佐久米駅はその昔、浜名湖沿岸を結んでいた定期船の港があった入江に面して建ち、近隣には昭和40年代から皇太子（現・上皇の明仁親王時代）ご一家が何度も家族で海水浴に訪れた佐久米海水浴場もあったところ。駅舎のモダンな造形は、奥浜名湖の海浜リゾートを意識して建てられたものかもしれない。ちなみに二俣線時代（当時の駅名は佐久米）の昭和45年

（1970）に無人化されており、現駅舎はそれ以後の昭和48年（1973）頃の建築と思われる。駅舎には今も「かとれあ」というカフェが営業していて、近隣の人たちが訪れる人気店になっている。毎年11月〜3月にかけてユリカモメが飛来する駅としても知られ観光バスも立ち寄るほどの人気だが、駅舎そのものも見てほしい湖畔のモダニズム駅だ。

三ヶ日駅　風が通り抜ける駅舎の居心地

三ヶ日駅舎はモダンな印象を与える駅舎だ。ホームの高さに合わせてコンクリートの土台上に建てられた建物は基本的に寄棟屋根で、そこから人々を迎えるようにもうひとつの寄棟を張り出して玄関とする開放的な構えだ。壁は軒まで縦板に覆われ、待合室の床も駅舎にしては珍しい板張りになっている。初めてこの駅に降り立ったとき、まるで古い木造校舎にいるような懐かしさを覚えたのはこの床の板張りのせいだろうか。現在、駅舎東寄りにアメリカンスタイルのハンバーガーレストランが入居していて、このオールウッドの建物に独特のバタ臭さを与えている。とはいえ駅舎は昭和11年（1936）開業時のもので、全体の形は外壁に白壁を残す西気賀駅に近いものだったようだ。

三ヶ日駅　玄関まで二つの階段がある駅

床まで板張り、居心地がいい

記録によれば占領下の昭和24年（１９４９）に一部改修とあり、この際に壁全面を板張りに変えたとも考えられる。待合室の窓際には造り付けの長椅子もあり、天井は合板の市松貼りと、細かく見ると三ヶ日駅の造りには不思議な違和感もある。

また、駅舎の東側には乗降分離が行われていた頃の降車時の集札ラッチも残り、そこから一段下がった駅前までスロープも設けられている。駅舎の歴史について研究が待たれる三ヶ日駅だ。

豊かな木造駅舎の山岳路線　ＪＲ高山本線【岐阜～富山】

太平洋岸と日本海岸を結ぶ鉄道は、日本列島の脊梁山脈をどのように突破するかが大きなテーマだった。信越線は関東山地をアプト式で越え、上越線は長大な清水トンネルで越後山脈を攻略した。しかし中部地方を見ると飛騨、木曽、赤石山脈と「背骨」の向きに乱れが生じる、鉄道にとってはチャンスである。大糸線は飛騨山脈の東を北上し、この高山本線は西側の間隙を突いた。そのルートは起点の岐阜から日本有数の激流と恐れられる飛騨川に沿って進み、本州の中央分水界をなす宮峠をトンネルで抜け、標高７１４ｍの最高地点から清流で知られる宮川とともに下る。高山本線の名にもなった飛騨高山から富山県境までは並走する道路もない難所だ、そして線路は神通《じんづう》川とともに富山平野に達する。

その歴史を見ると大正９年（１９２０）の岐阜～各務《かがみ》ケ原《がはら》の開業で始まった高山線（当時の路線名）建設は、昭和８年（１９３３）には飛騨小坂《おさか》まで達した。同時に富山側も昭和２年（１９２７）に飛越線として富山～越中八尾《やつお》間が開業、南北から鉄道建設は進み、昭和９年（１９３４）の飛騨小坂～坂上間開業で高山本線が全通する。このようにいくつもの山々を突破する高山本線は、豊富な森林資源を背景にした木造駅舎の山脈でもあった。駅という駅のほとんどが木造で、高山本線の全45駅中2019年現在で19駅が開業時の姿を保っている。岐阜市郊外やホームだけの簡易駅を除けば、山間部の木造駅舎率はかなり高い。もとより鉄道難所と絶景がめまぐるしく展開する山岳路線だけに駅舎めぐりをしていても飽きることはない、高山本線はスケールの大きな木造駅舎本線だ。

JR高山本線・駅舎旅

岐阜駅から金華山にある岐阜城を左手に見て西に走る高山本線の列車は、木曽川に達する直前に名鉄犬山線と接続する鵜沼駅に出る。かつて名鉄から乗り入れた特急「北アルプス」が使った渡り線があった駅だ。全国でも珍しい私鉄特急の国鉄・JR線への乗り入れだったが平成13年（2001）に廃止され、その渡り線も撤去されている。次の**坂祝駅**《さかほぎ》は最初に現れる木造駅舎だ。そして続く木曽川と飛騨川の合流点に発達した町に美濃太田駅がある。JR太多線《たいた》や長良川鉄道の分岐する重要なターミナルだが、令和元年（2019）5月末に惜しまれつつ販売をやめた駅弁「松茸の釜飯」の立売りがあった駅だった。

さて、高山本線はこれより飛驒川に沿って北上する独り旅だ。非電化単線の線路は前方に迫る飛驒の山並みに吸い込まれていく。飛水峡の名もある絶景を見ながら進んだところに木造平屋の**白川口駅**がある。ここは支流の白川が合流する所。さらに**下油井駅**、**飛驒金山駅**と歴史ある駅舎が連続する。これより「中山七里」という絶景の難所で簡易な駅と信号場が続くところ。とても駅舎など建てる余裕もない窮屈な渓谷を抜けていく。

そして、ようやく谷が開けたところが飛驒の名湯、下呂温泉だ。ここから南北に盆地が伸び、ちょっとした市街地のところに雰囲気のいい**飛驒萩原駅**がある。続く**上呂《じょうろ》駅**も山を背負った立ち姿のいい駅舎。そしてふたたび左右から山並みが迫ってきたところに高山本線の真打ち、**飛驒小坂駅**がある。このログ（丸太）建築は必見だ。

高山本線は幾重にも伸びてくる尾根を右に左にかわしながら進み、久々野《くぐの》駅をすぎたところでいよいよ本州の中央分水界、宮峠を全長2080mの宮トンネルで通過する。かつて高山側のトンネル口まで歩いたとき、トンネルから出た湧水がすごい勢いで側溝に流れていた。ここは水に悩まされたトンネル工事だったという。線路はそこから美しいカーブを描いて盆地に下り、玄関に千木（神社の屋根にある造形）をもつ**飛驒一ノ宮駅**に出る。ここからは日本海に注ぐ神通川水系の宮川流域だ。列車は高度を下げながら飛驒地方の中

飛驒萩原駅　昭和６年の駅舎が健在

飛驒一ノ宮駅　昭和９年、千木が目立つ

飛驒国府駅　昭和９年開業、簡素な駅

杉崎駅　昭和27年、仮停車場で開業

心都市、高山市街に入っていく。この高山駅舎は、保存運動もあったモダンな旧駅舎から改築され平成28年（２０１６）に新駅舎がオープンした。

高山本線は山紫水明の高山盆地に**上枝《ほずえ》駅**、**飛驒国府駅**、そして近年アニメ映画「君の名は。」で描かれ、ファンの聖地になった**飛驒古川駅**をおいている。さらに小屋のような**杉崎駅**、**飛驒細江駅**とまったりとした木造駅舎が続いたあと、線路は宮川が作る渓谷地帯に入っていく。駅ごとに小集落があるような幽谷を進むと、やがて山の避難小屋のような**杉**

原駅を経て、ＪＲ東海・西日本の境界**猪谷《いのたに》駅**に到着する。普通列車はすべて乗り換えになる情景は、まるで国境を越えるようだ。事実ここは富山県に入っていて、神岡方向からやってきた高原川が宮川と合流し神通川となって富山平野の出口、笹津まで流れ下る。笹津駅の前後で大鉄橋を渡った高山本線は「おわら風の盆」が有名な**越中八尾駅**、**千里《ちさと》駅**、**速星《はやほし》駅**、**西富山駅**と捨てがたい木造駅舎を並べている。ある夏の朝、西富山駅前で子どもたちのラジオ体操を見たことがある。そんな駅の原風景が、この高山本線には残っている。

飛騨細江駅　昭和９年の木造駅舎

猪谷駅　昭和５年以来の駅舎、無人駅

越中八尾駅　端正な駅舎は昭和２年建築

西富山駅　昭和２年開業、ラジオ体操中

飛驒小坂駅　「特殊ナ事理」で建てられた林業の町の木造駅舎

昭和初期、全国に鉄道が伸びていった頃は毎日のようにどこかの駅が開業を迎えていた。その当時、鉄道省工務局から「小停車場駅本屋標準図」が示され、乗降人数に応じて一号から五号までの設計プランがあった。木造駅舎がみな似ているのはこの標準図によって建てられていったからだ。しかし「特殊ナ事理アルモノハ別ニ設計スル」とあり、昭和8年（１９３３）に高山線の暫定的な終着駅として竣工した飛驒小坂駅は、木曽御岳の登山口という「特殊ナ事理」があったのだろう。もとよりこの小坂は林業の町で、鉄道開業以来、大量の木材が出荷された。

そんな林業の町の駅舎は全身杉の丸太で覆われている。神社風の千木を載せた玄関はもとより、駅舎を一周りする杉の丸太は斜めに組まれ、壁全体が太い丸太のリズミカルなパターンになっている。その基礎部分は野趣あふれる野石積みでトイレにまで丸太を組むなど、山小屋をイメージした豪快な建物だ。長年の使用で細かな改修は施されていると思うが、しっかり建てられた駅舎には、地元のプライドを感じさせる。

駅には昭和46年（１９７１）まで軌間７６２ミリの小坂森林鉄道が接続していてガソリ

飛驒小坂駅　玄関の千木と丸太の駅舎

玉石の土台に丸太組の壁が見事

ンカーが御嶽山麓から材木を運んでいた。駅の岐阜側には広い貯木場跡があり、貨物用の引込線もあって材木用の積み出しクレーンが稼働していた。長い間、「飛驒小坂駅は丸太の「特殊駅舎」も霞むような産業の駅だった。しかし鉄道による木材輸送は昭和52年（１９７７）で終わり、平成23年（２０１１）には駅も無人化されてしまう。それでもログハウスの建物は駅を愛する方々によって気持ちよく掃除されていた。

飛騨古川駅　外観は改修されてキレイに

飛騨古川駅　昭和初期竣工の「耐火建築」

飛騨高山とともに城下町の風情を残す飛騨古川。ここにも昭和初期からの雰囲気のいい駅舎がある。建物は木造平屋だが、切妻屋根の両端を切り欠いてアクセントを付け、正面やや右に寄せた玄関ファサードにも屋根と同じ意匠を設けた駅舎は端正そのものだ。この区間が開業した昭和９年（１９３４）に竣工したもので、当時新しい「耐火建築」として使われ始めたモルタルが塗られている。このとき、同時に開業した旧高山駅舎がセメント系外壁のビル形で、こちらがモルタル塗りというのも興味深い。地勢上、飛騨盆地の北部までが比較的人口の多い地域で、急行「たかやま」も、この駅で折り返した時代があった。

第5章

近畿

不遇の路線に味わい深い明治駅舎

ＪＲ関西本線・非電化区間【亀山～加茂】

ＪＲ関西本線は名古屋駅とＪＲ難波駅を結ぶ全長１７４・９㎞の路線だ。しかしその実態は名古屋～亀山（電化・一部単線）、亀山～加茂（非電化・単線）、加茂～ＪＲ難波（電化・ほとんど複線）とおおきく三つに区分される。つまり大都市圏は電化され、それ以外はほとんど古いままなのだ。その分この亀山～加茂間の非電化区間に明治生まれの歴史的な駅舎が多く残っている。

関西本線の歴史は長い。もともとは官設鉄道の東西幹線（東海道本線）が関ケ原経由になったことから、鈴鹿や四日市など旧東海道の道筋にも鉄道がほしいと設立された私鉄の関西鉄道がその源流だった。そして初代社長に明治の辣腕ゼネラリスト、前島密《まえじまひそか》（郵便の父としても有名）を招聘し、明治23年（１８９０）には草津～柘植《つげ》間の現草津線ルートが全通した。鉄道建設は急ピッチで進み同年の暮れには柘植～亀山～四日市間が開通した。つまり当初の関西鉄道は草津～亀山の路線だった。その証拠に関西本線と接続する柘植駅構内は、草津線から亀山方面にストレートに線路が伸びている。

さて、その柘植駅から明治30年（1897）に支線として加茂まで開通し、これをさらに延長した結果、明治33年（1900）には湊町（現・JR難波）～名古屋間という現在の関西本線が完成した。すでに関西鉄道は拡大過程で大阪鉄道、浪速鉄道、奈良鉄道、南和鉄道、紀和鉄道を吸収し、近畿地方の巨大私鉄に成長していた。そしてここに、大阪～名古屋間に官営鉄道と関西鉄道というライバル関係ができあがり鉄道史に残る大競争が勃発する。関西鉄道は往復運賃の大幅割引や弁当付き切符などで攻勢をかけ、官営鉄道をさんざんに苦しめたが、日露戦争もあって両鉄道は手打ちとなった。さらに明治39年（1906）には鉄道国有法が公布され、翌明治40年（1907）に抵抗する関西鉄道を一挙に国有化してしまう。官営鉄道側にとって積年の対抗意識もあったのだろう。関西鉄道が進めていた電化計画は白紙に戻され、関西鉄道の名阪をつなぐ線路は1世紀以上も冷遇された。一敗地にまみれた関西私鉄資本はやがて昭和7年（1932）、関西本線に並行する参宮急行電鉄線を開通させ関西本線を圧倒、これがのちに近鉄の隆盛につながっていく。

亀山～加茂間に残る木造駅舎群はまさに歴史に翻弄された結果なのだ。今では旧街道ならぬ旧鉄道の趣もある関西本線の非電化区間を、そんな想いをもって旅したいと思う。

ＪＲ関西本線・非電化区間・駅舎旅

　ＪＲ東海と西日本の境界でもある**亀山駅**は鈴鹿川の北岸に駅をおいている。大正２年（１９１３）竣工という大柄な駅舎は改装を重ねて現在はオレンジ瓦の南欧風の構えだ。紀勢本線はこの亀山駅に０キロポストをおいていて、名古屋方面からは一旦スイッチバックして南下することになる。これがネックとなり後年、四日市と津の間に短絡線が建設され現在の第三セクター伊勢鉄道になった。

　さて、広い構内の亀山駅を出た気動車は亀山鉄道部の転車台を左に見てしばらく走ると非電化単線になる。付近の丘の上の工業団地にはシャープの亀山工場がある。江戸時代に関所があった宿場町の関駅を経て線路はしだいに鈴鹿山地に入っていく。そしてエンジン音が高まるにつれて速度も低下し、右手に旧スイッチバック線の築堤が見えてきたところに**加太駅**《かぶと》がある。長いホームと明治29年（１８９６）の駅舎がひっそりとたたずむ。標高わずか３０９ｍの加太峠を越えるだけでも蒸気機関車の頃は難所だったのだ。スイッチバックの遺構が残る中在家信号場から加太トンネル（日本初の立坑を使って建設した）を経て草津線と接続する**柘植駅**に下る。木造切妻の簡素な駅舎は明治23年（１８９０）開業時のものとされ、現役駅舎としては最古級といえるだろう。

　電化されている草津線を右に見て、関西本線は駅構内からいきなり急勾配を下っていく。これ以後、伊賀盆地を進んで新堂駅、明治駅舎の**佐那具《さなぐ》駅**と停車していく。いずれも「本線」らしくホームはきわめて長い。この先に関西本線非電化区間の中核駅、**伊賀上野駅**がある。地域の中心地、上野市駅まで伊賀鉄道が連絡する駅舎は、城下町の玄関らしく堂々たる大屋根を構えている。地勢的にはこの伊賀盆地と奈良盆地の間に笠置《かさぎ》の山塊がひかえ

亀山駅　オレンジ瓦の大柄な駅舎

加太駅　昭和11年改築の駅舎も残る

柘植駅　昭和５年一部改修、明治の駅舎

佐那具駅　明治30年、後年一部改修

ている。その山々にさしかかった**島ケ原駅**は駅舎半分を改修したような不思議な構えだ。

その先で奈良県に入った関西本線は、小高い丘の上に昭和26年（１９５１）開設の**月ケ瀬口駅**をおいている。駅からは見えないが、少し小道を下れば木津川の景勝地、月ケ瀬渓谷に出る。ここには樹齢６００年を超す老木もある月ケ瀬梅林でも知られたところだ。そして車窓に木津川が見えたところに**大河原駅**がある。明治30年（１８９７）開設の古い駅だが、駅舎は戦後建築のフラットルーフだ。

島ケ原駅　明治30年、関西鉄道の駅舎

月ケ瀬口駅　昭和40年に改築された

大河原駅　昭和29年、コンクリート駅舎

笠置駅　昭和30年に改修されている

さらに木津川の渓谷沿いに進んで桜の名所、**笠置駅**に出る。ここは昭和30年（1955）に改築された駅舎だ。これより人家も見えない渓谷を進んで、ようやく盆地状の人里に出たところに時代を100年進めたような橋上駅舎の加茂駅がある。ホームには8両編成の快速電車が停まり、大阪方面はこれより大和路線の愛称名で奈良盆地を横断し、大和川に沿って生駒山地の南端を通ってJR難波へと向かっている。

伊賀上野駅　スケールを感じる大屋根の明治駅舎

伊賀上野駅は一目見ればただ者ではない駅と感じるだろう。平屋ながら瓦の大屋根にひさしをめぐらせた本屋の重量感、広い駅前広場とともになんとも大時代な雰囲気を漂わせている。しかしこの伊賀上野駅舎の竣工年は定かではない。それでもほぼ同形だった関西本線旧加茂駅舎が明治駅舎だったことから、関西本線開業の頃の建物であると思われる。かつて、駅舎の老朽化で駅員も「雨漏りや隙間風がつらい」と話していたが、昭和40年（1965）、同45年（1970）、平成19年（2007）と小刻みに改修され、波打っていた屋根や外壁もすっかりリフォームされた。

伊賀上野駅　武道館のような大屋根の駅

駅舎ホーム側、木製柱が並ぶ

昭和59年（1984）の貨物廃止までこの伊賀上野駅は、貨車が集まる活気にあふれた伊賀地方のターミナルだった。今では持て余し気味の駅舎や構内の広さに、そんな歴史を感じさせる。駅は藤堂高虎の居城だった伊賀上野城から見て、北を流れる服部川の対岸にある。そのため、大正時代には旧伊賀鉄道が伊賀上野駅から城下を結ぶ鉄道を開通させた。現在は近鉄伊賀線から公設民営化された伊賀鉄道が1番線を使い、女忍者「くノ一」のラッピング電車が発着。跨線橋にも忍者キャラクターが掲示されていた。古くて無骨な伊賀上野駅も、忍者好きの外国人が訪れるささやかな観光駅になっている。

山の辺の道と木造駅舎　ＪＲ桜井線【奈良〜高田】

奈良盆地の東縁を南下し、桜井からは西進して高田にいたる逆Ｌ字形の路線をもつ桜井線も、明治時代の私鉄建設ラッシュの中で誕生した路線だった。

この奈良（大阪鉄道が開業）、高田（大阪鉄道が開業）の両端駅はともにいち早く別路線で開通しており、明治26年（１８９３）には大阪鉄道が高田から桜井まで延伸した。桜井線の北半分は明治20年代においての空白地帯だったのだ。そこで地元の今村勤三（一旦消滅した奈良県の再設置運動で活躍した）ら有力者が初瀬鉄道として路線免許申請を行い、明治32年（１８９９）に奈良鉄道の名で奈良まで開通した。これらの鉄道は翌明治33年（１９００）には奈良、大阪の両鉄道が関西私鉄大合同の流れで関西鉄道に吸収されていく。いわば桜井線の逆Ｌ字形のタテが奈良鉄道、ヨコが大阪鉄道の路線で、関西鉄道国有化後の明治42年（１９０９）に桜井線と正式に命名された。しかしながら関西本線同様、国有化後の官営鉄道にとっては傍系だった桜井線の近代化は後回しになり、全線が電化されたのは昭和55年（１９８０）になってからだった。

そんな「放置路線」ゆえに味わい深い明治駅舎がいくつも残り、三輪山から発する山の辺の道や大和三山を見ながらまったりと走る単線電車は、私にとってはいちばん奈良・大和を感じられる鉄道になっている。

ＪＲ桜井線・駅舎旅

高架ホームになった奈良駅から発車した電車はしばらく高架上を走り、条里制の町並みを斜めに横切って地上駅の**京終駅**《きょうばて》に出る。さていきなりの明治駅舎の登場だ。寄棟屋根に縦窓をならべた洋館はどことなく役場か学校のようなムードで、これが開業した明治31年（１８９８）頃の駅舎の形なのだろうなあと思う。いっときはかなり老朽化して荒れた感じだったが、駅屋が奈良市に譲渡され、平成31年（２０１９）にはカフェ併設の駅舎にリフォームされた。電車はやがて畑がひろがる郊外に出て大和盆地の平原を進んでいく。位置的には奈良盆地を南北に結ぶ旧街道「上《かみ》ツ道」に沿って線路を伸ばしている。

やがて旧家が集まる集落に出たところが**帯解駅**《おびとけ》だ。ここは安産祈願の寺として信仰を集める子安山帯解寺に由来する駅名で、駅舎も開業以来のクラシックな構えだ。続く**櫟本駅**《いちのもと》

は一段高い段上に切妻屋根の玄関が開くかっこいい駅舎だ。続く天理駅はあの天理教の本部がある宗教都市の駅。その到着前には信者輸送の臨時列車（天理臨）の大きな留置線が見えるはずだ。この天理駅では近鉄天理線と接続する。

この先、**柳本駅**、**三輪駅**と時を経た駅舎が残るが三輪駅だけは大正３年（１９１４）の改築だ、それでも相当に古い。近くには卑弥呼の墓という説もある箸《はし》墓《はか》古墳など大小の古墳が集まるところ。車窓に三輪山が大きく見え始めたら橋上駅の桜井駅が近い。

京終駅　明治31年開業、近年リフォーム

帯解駅　開業時からの駅舎、今は無人

三輪駅　大正３年改築、大神神社が近い

畝傍駅　昭和15年に貴賓室を増設

この桜井市街から西に向かう電車は近年駅舎が改築された香久山《かぐやま》駅や、並行する近鉄大阪線に耳成《みみなし》駅、そして桜井線**畝傍《うねび》駅**とマホロバ感あふれる駅名が集まる一帯だ。なかでも畝傍駅は橿原《かしはら》神宮への参拝駅として大人数を想定した大柄の駅舎をもち、その駅舎は昭和15年（1940）に一度改修された記録がある。皇室用といわれる特別出入り口はこのとき設けられたものらしい。畝傍駅の先で近鉄線を越えた桜井線はやがて和歌山線が走る高田駅に到着する。しかし橋上駅になっているその駅舎に趣はない。

櫟本駅　時を経た万葉の里の駅舎

無人化されて久しい櫟本駅は板張りの腰壁に漆喰壁という古めかしい姿だ。しかし正面から見れば美しい玄関が全体を引き締める見事なプロポーションだ。玄関は階段上にあるので自然に駅舎を仰ぎ見る形になる。構内は天理方向にやや勾配がついているためホームを水平に保つ嵩上工事が行われたようだ。駅を調査した天理市教育委員会によれば鉄道建設時に近隣から土取りが行われ、その跡も確認されているという。

ところで駅名の櫟本はかなりの難読駅だ。櫟《いちい》とはクヌギの仲間で、古い地名の「櫟井」

櫟本駅　ホームレベルに駅舎が建つ

駅事務室や宿直室が左手に伸びる

は古事記にも出てくる由緒ある名だ。また万葉歌人、柿本人麻呂ゆかりの歌塚や、平安時代に在原《ありわらの》業平《なりひら》が住んだという在原《ありはら》神社などが周辺に点在している。つまり櫟本駅は飛鳥時代からの歴史的な場所にあるのだ。しかし開業後数年で構内が拡幅され、上下線の間にも中線が設けられた（現在は撤去）。また構内には貨物側線や鉄道官舎もあって、国鉄停車場とは違うスマートなたたずまいも感じる。明治時代に消えた奈良鉄道の遺伝子が、どこかに残るのかもしれない。

知られざる駅舎が残る　ＪＲ和歌山線【王寺〜和歌山】

近畿地方の旧関西鉄道の路線のなかで、最も歴史的駅舎が残るのがＪＲ和歌山線だ。しかし、奈良盆地から和歌山県内を淡々と走るローカル線ゆえに注目度も低く、その割に長い路線距離（87・5㎞）なので沿線の好駅舎が見逃されている印象だ。さらにいえばこの路線も明治時代に関西鉄道が運営した線区で、国有化後の処遇は芳しくなかった。歴史があって近代化に遅れた私鉄由来のローカル線、古い駅舎が残る条件を見事に備えている。

ところで和歌山線の成立には三つの私鉄が関与した。最初は明治24年（１８９１）に王寺〜高田間を開業した大阪鉄道、次に明治29年（１８９６）に高田〜大和二見（現在の駅名）間をつなげた南和鉄道、そして明治33年（１９００）までに和歌山〜大和二見間を連絡した紀和鉄道だ。その紀和鉄道は「せっかく紀ノ川上流まで鉄道が来たのにここで途切れるとは」とばかりに急遽設立して和歌山まで線路をつなげた地元資本の鉄道だった。

桜井線同様、これらの私鉄がやがて関西鉄道に吸収され、最後は国有化という歴史をたどる。このとき、経営状態の悪かった紀和鉄道は南海鉄道にも合併を持ちかけたが交渉は難航、最後は関西鉄道と合併した。もし南海と合併していれば国有化は避けられ、大阪から高野山への鉄道も和歌山経由になる可能性もあった。そう考えると鉄道史は面白い。

いずれにしても和歌山線は奈良区間や紀ノ川区間など、その長さゆえに地域ごとに性格が異なるスケールの大きな路線となっている。ここは時間をかけて、沿線を楽しみながら駅舎を訪ねてみたい路線だ。

ＪＲ和歌山線・駅舎旅

和歌山線の起点となる王寺駅は奈良盆地の西の玄関にあたるターミナルで、関西本線（大和路線）や近鉄生駒線、田原本《たわらもと》線とも接続する鉄道交通の要衝だ。ここは大阪通勤圏に含まれ、各駅に郊外住宅が集まる近郊風景の鉄道だ。桜井線と連絡する高田をすぎると**大和新庄駅**がある。駅舎はサイディングボードでリフォームされ、古さは伝わってこないがその形状から少なくとも戦前からの駅舎と見た。しかしその先の**御所《ごせ》駅**はまぎれもなく明治29年（１８９６）からの木造駅舎だ。同様に**掖上《わきがみ》駅**も開業時のものらしい。電車は曽我川に沿った街道筋を走るようになり、近鉄吉野線と接続する**吉野口駅**にも堂々した板張り駅舎をおいている。

　これより和歌山線は山を削った線路を走り、ようやく吉野川（紀の川）流域に出たところにスイッチバック駅の遺構を残す北宇智駅がある。そして旧街道の町、五条駅は未成に終わった五新線の接続予定駅で、今もコンクリート橋が街なかに残っている。続く大和二見駅は令和元年（２０１９）に小型駅舎に改築された。「大和」の旧国名が付くようにここはまだ奈良県で、明治時代に建設した南和鉄道は吉野川の水運を目的に川岸に初代二見

吉野口駅　開業は明治29年と古い

隅田駅　駅舎にマンガが描かれている

高野口駅　明治34年開業、古い駅舎

名手駅　駅舎は昭和46年に一部改修

駅をおいた。その約１・５㎞手前に紀和鉄道が接続したため、こちらを大和二見駅とし、川岸までの路線はその後廃止された歴史がある。

県境を越えて和歌山県内にはいった**隅田駅**《すだ》は地元中学生によりペイントされた駅舎がある。南海高野線と接続する橋本駅は国鉄建築のコンクリート駅舎、その２駅先の**高野口駅**は寄棟屋根の側面に玄関を付けた風格ある建築で明治34年（１９０１）のもの。南海高野線が開通する昭和４年（１９２９）以前はこちらが高野山への玄関駅だった。

岩出駅　明治34年開業時は大宮駅

船戸駅　おそらく明治31年からの駅舎

布施屋駅　古びた洋館スタイルの駅舎

紀伊中ノ島駅　和歌山線の駅として誕生

ここからは紀の川と葛城山地のつくりだす雄大な風景を見ながら西へと進む。**妙寺駅**《みょうじ》は玄関だけ改修した不思議な外観、**笠田駅**《かせだ》は駅舎の一部が観光案内所になっている。**名手駅**《なて》もこぢんまりとした玄関をもつ木造駅舎だ。**打田駅**は明治33年（１９００）の駅舎だが長年の改修で外観の趣は薄い。

そんななか**岩出駅**は洋館スタイルを残す雰囲気のいい駅舎。和歌山線はこの先で紀の川を渡り南岸に出る。そこにおかれた**船戸駅**《ふなと》も山を背にした小集落にあるロケーションがいい。**布施屋駅**《ほしや》も明治32年（１８９９）の洋館風味を残す。

このように、和歌山線は紀の川に沿ってずらりと明治生まれの駅舎をおいて紀勢本線の起点、和歌山駅に進んでいく。ちなみにその手前、和歌山線の車庫となる新在家派出所の西から昭和49年（１９７４）に廃止された直進ルートがあり、かつての和歌山駅（現・紀和駅）に進んでいた。じつはこちらの線路こそが紀和鉄道開業時の路線で、その途中、阪和線と交差するところに昭和10年（１９３５）に設けられたモダニズムデザインの**紀伊中ノ島駅**がある。私が大好きなこの駅舎が和歌山線のものだったことも付け加えたい。

御所駅　立派な玄関を構える明治駅舎

堂々たる明治駅の風格が嬉しい御所駅は奈良盆地の南部、葛城川の岸に発展した古い町の玄関にある駅だ。駅としてはシンプルな構造で駅舎を中心にして対向式２面２線のホームが伸び、構内には貨物側線があった跡も残っている。その昔、吉野口の勾配に挑むＣ58牽引の貨物列車をこの駅で見送ったことがある。そのときは島式ホームにもう１線線路が設けられていた。

さて、柱に明治29年（１８９６）の財産標が見られる駅舎は古く、さすがに窓はアルミサッシに、外壁や屋根瓦も交換されている。それでも駅前に下がって全体を見れば、切妻屋根に立派な玄関を構え、老父のごとく人々を招き入れる優しさも感じる駅舎だ。古い写真を見ると外壁は漆喰らしき白壁で、同時に建てられた掖上駅や吉野口駅と似た駅舎建築であることがわかる。ただし玄関のサイズはこの御所駅がひとまわり大きい。また、御所駅の西側に近鉄御所線近鉄御所駅があり、近年そちら側にも出入り口が開設された。この駅の近くにはアーケードをもつ商店街もあるが、ややさびれた印象だ。奈良県内で知名度は高くないものの駅前から昔ながらの町並みが残り、葛城川を挟んで西側に円照寺を中心

御所駅　瓦屋根の玄関が立派な駅舎

ホームのトイレも明治生まれか

にした環濠集落があり、東側には江戸時代からの商家の町並みが残る。ここでは昭和初期に国産万年筆で大手メーカーと張り合った「モリソン万年筆」の本社跡が古民家カフェになっているのも面白い。ともあれ、街を歩けば駅舎が立派な理由がわかるような気がする。

ちなみに御所という名の由来は定かではないが、古代豪族葛城氏の本拠地でもあり大和王朝以前からのつながりも連想させる地名だ。

第6章

中国・四国

最長在来線は日本駅舎の宝箱　ＪＲ山陰本線【福知山～幡生】

京都から１府４県を通って中国地方の日本海岸をつらぬく山陰本線は「偉大なるローカル線」と呼ばれるように、日本の鉄道風景の最も良質な部分を担う路線だと思う。それというのも建設された当時は今のような土木技術がなかった頃で、地形にあらがわず、そして従うように山野を越えていった鉄道工事のしなやかさにあるのかもしれない。

この山陰本線の、そもそもの始まりは明治30年（１８９７）の京都鉄道、二条～嵯峨間の開業で、昭和８年（１９３３）の須佐～宇田郷間の開業によって全通した。この36年の建設期間中は幾度となく計画ルートの変更や暫定開業、駅の改廃も繰り返した。いちばん最近では平成31年（２０１９）３月16日に梅小路京都西駅が開業している。そしていつしか路線全長６７３・１㎞は在来線では日本最長となり、駅も１６０駅（幡生《はたぶ》まで）を数える雄大なスケールの路線になった。

ともあれ、山陰本線の列車から見る沿線風景は優しい。そのためにＪＲ西日本は運行するクルーズトレイン「瑞風」もハイライトの区間を山陰に求め、大きな人気を集めている。そしてこの山陰本線にはすばらしい駅舎が集まり、海や山を背にして美しくたたずんでいる。さらにいえば突出して見栄を張るような駅舎はなく、おしなべて控えめで慎ましい駅舎が多いのも山陰本線らしさだろう。今回は山陰本線でも「嵯峨野線」と呼ばれる電化複線区間などを除いて、好ましい田舎風景が始まる福知山から西に向かって駅舎探索の旅を始めようと思う。

ＪＲ山陰本線・駅舎旅

●福知山～米子

兵庫県北部の中心都市、福知山市には山陰本線をはじめ福知山線や京都丹後鉄道宮福線が集まり、4面7線ある福知山駅の構内は地方交通の要衝を感じさせる大きさだ。山陰本線も京都方向の綾部からここまでが複線になっている。やがて単線になった線路は丹波の山々を山陰街道に沿って進んでいく。そして和田山の盆地に出たところに明治44年（1911）に開業した木造駅舎の**梁瀬《やなせ》駅**をおいている。駅前を通る狭い道こそが山陰街道の旧道だ。播但《ばんたん》線と合流する和田山は古くからの家具の産地、和田山駅の北側を流れる円山《まるやま》川の水運を利用して良質な木材が運ばれたという。その先に美田を背にして建つ**養父**《やぶ》**駅**や、壁に星形の窓が開く**八鹿**《ようか》**駅**と見るべき駅舎が並んでいる。山陰本線はこれより円山川に沿って日本海に向かって北上をするがその途中、「豊岡鞄」で有名な豊岡駅はやや残念な形に改築されていた。風格があった旧駅舎がしのばれる。やがて川沿いに出た線路は趣ある町並みを歩く「外湯めぐり」で大人気の温泉、**城崎**《きのさき》**温泉駅**に到着する。大屋根を駅頭に張り出し、神殿のように太い柱をならべる駅舎は大正15年（１９２６）に2代目とし

養父駅　明治41年開業時の駅舎らしい

八鹿駅　明治41年の駅、昭和10年改修

城崎温泉駅　大正15年改築、大柄な建築

東浜駅　平成29年、新感覚の駅舎に改築

て改築されたもの。その後も何度か改修されて現在の形になった。山陰本線の電化区間はここで終わり、いよいよ兵庫県北部の険しい沿岸に入っていく。

全長１８５９mの芦谷トンネルを抜けると瓦屋根が見事な**竹野駅**だ。そして寄棟駅舎の**佐津《さつ》駅**、ホームからの眺望がすばらしい**柴山駅**と入江ごとに感じのいい駅舎がならぶ。カニ漁で有名な香住《かすみ》駅、絶景の鎧《よろい》駅、空中を走るような大橋梁の餘部《あまるべ》駅と山陰本線の見どころがたて続けに現れるところだ。浜坂駅をすぎた**諸寄《もろよせ》駅**も簡素な駅舎が海沿いの家並みを見おろしている。

山陰本線はここから山中に入り、近年駅舎がとりこわされた居組《いぐみ》駅をすぎると鳥取県に入る。山から下った**東浜駅**は「瑞風」に合わせて駅舎を大胆に改築した。そして、立ち姿の美しい明治駅舎の**岩美《いわみ》駅**と続いていく。因美《いんび》線と合流する鳥取駅をすぎれば**宝木《ほうぎ》駅**、**浜村駅**、**青谷《あおや》駅**、**松崎駅**と見るべき駅舎が続く。

倉吉をすぎ、ようやく沿岸風景も穏やかになったところに**由良駅**や**浦安駅**、そして三角屋根を増築した**赤碕《あかさき》駅**をおいている山陰本線だが、その先に**下市駅**、立派な構えの**御来屋《みくりや》駅**、逆にバラックのような風情の**名和《なわ》駅**、モルタル造りの**大山口《だいせんぐち》駅**と多士済々の駅舎が並んでいる。

●米子〜幡生

電化路線の伯備《はくび》線と合流し、5階建ての駅ビルをもつ米子駅からすぐ西側で島根県へと県境を越えた山陰本線は**荒島駅**に旧駅舎を残し、そのまま島根県の県庁所在地・松江に至る。この先には**乃木駅**と木次《きすき》線が分かれる**宍道《しんじ》駅**、そして古びた印象の**荘原駅**がおすすめの駅舎だ。一畑《いちばた》電車と接続する出雲市駅を出ると、クラシックな駅舎をもつ**江南《こうなん》駅**、そしてほぼ同形の**波根《はね》駅**、**久手《くて》駅**と木造駅舎が頻繁に登場する。石見《いわみ》銀山の最寄り駅、大田市駅からはふたたび海沿いのリアス地形のなかに線路は伸び、板張り青瓦の**静間《しずま》駅**、同じく青瓦の**仁万《にま》駅**と続く。石見銀山の積出し港だった温泉津《ゆのつ》は温泉でも有名だ。

平成30年（2018）、惜しまれつつ廃止になった三江《さんこう》線の分岐駅、江津《ごうつ》駅から先には赤い石州瓦を載せた**波子《はし》駅**、シンプルな国鉄スタイルの**下府《しもこう》駅**、簡素な西浜田駅、オーソドックスな木造駅舎の**周布《すふ》駅**、**折居駅**、そして**三保三隅駅**、**岡見駅**と、このあたりの木造駅舎は質量ともに豊富だ。

山口線が接続する益田駅をすぎると**戸田小浜《とだこはま》駅**、**飯浦《いいのうら》駅**、そして私が山陰本線ナンバーワンと思う**江崎《えさき》駅**がある。駅頭の松と駅舎の織りなす童話のような情景はすばらしい。海沿いに戻った路線は**宇田郷駅**、個性派のモルタルづくりが楽しい**木与《きよ》駅**、端正な構えの**奈**

古駅、ほぼ同形の**長門大井駅**と国道から離れた静かな村落に駅をおいている。長州藩の城下町、萩市の市街には東萩駅と**萩駅**がある。萩駅は復元された洋館駅舎で、明治政府で鉄道頭だった井上勝の展示がある「萩市自然と歴史の展示館」は見ておきたい。その隣の**玉江駅**は洋館風駅舎、海沿いに出た**三見《さんみ》駅**は木立に囲まれた静かな駅。**長門三隅駅**は近年リフォームされたが風格ある構え。

仙崎支線と美祢《みね》線が分かれる長門市駅をすぎると、いよいよ本州最西端の景勝地、響灘《ひびきなだ》

浜村駅　明治40年開業、幾度か改修

江南駅　大正２年の駅舎が使われている

波根駅　大正４年開業、雰囲気のいい駅

江崎駅　立ち姿のいい昭和３年の駅舎

を見ながら走る区間だ。ここで訪ねたいのが玄関にマンサードのデザインをあしらった**人丸駅**だ。昭和5年（１９３０）開業の**長門粟野駅**はやや個性的な木造駅舎。美しい入江から少し入ったところにある**阿川駅**は簡素だが立派な構えだ。そこから山中に入った森のなかに難読駅名で知られる**特牛**《こっとい》**駅**がある。ふたたび渚に出た山陰本線は、またも屋根に小マンサードを付けた**小串駅**が現れる。駅舎好きとしては見ていて幸せになるようなロケーションの駅だ。

玉江駅　南欧風というべきか、大正14年

特牛駅　難読駅名の駅に昭和３年の駅舎

小串駅　昭和５年改築、玄関に特徴が

綾羅木駅　駅舎は戦後改築か

そして山陰本線が下関市街に向かっていく最終盤に現れるのが**綾羅木駅**《あやらぎ》だ。開業は大正3年（１９１４）だが戦後スタイルのモダンな駅舎が新鮮だ。そのすぐ南で山陽本線と合流した線路は、大規模な下関総合車両所を見ながら**幡生駅**に向かっていく。ここも、窮屈な敷地に簡素な木造駅舎を残している。

岩美駅　形を変えても明治の駅舎

山陰本線の名所、鎧駅や餘部駅といった難所を乗りきり、ようやく平地に下ったところにほっとするような白壁に赤い屋根の岩美駅がある。駅前から駅舎を見れば、堂々と玄関のひさしを張り出した構えは木造駅舎の教科書のようだ。待合室も広く、椅子には住民による心尽くしの座布団がおかれていた。その一角には閉店したキヨスクがあり、以前はたくさんの利用者がいたことを教えている。建てられたのは明治43年（１９１０）の山陰本線開業時という。しかし待合室に掲示されている古写真を見ると、屋根の形が寄棟造りで現在とは異なっている。調べると昭和33年（１９５８）１月に駅舎改修が行われ、また平成６年（１９９４）には天皇ご来訪にともなってリニューアルされている。おそらくこの

岩美駅　ひさしにファサードをつけた駅

昭和の改修で屋根の形が変わったのではないか。古い駅舎は時として色や姿も変わることがあるのだ。

さて、この岩美駅には大正から昭和初期にかけては内陸の岩井温泉まで岩井町営軌道が結んでいて近畿圏からの温泉客でにぎわった。ところで岩美駅にはこんな逸話が伝わる。山陰本線はもともと海岸沿いの集落近くに計画されていたが、岩井温泉の女将が時の政治家に談判して温泉場に近い現在地に変えさせたという。このため、駅から岩井温泉に向かう道は女将の名をとって「およし道路」と呼ばれているという。

苦難の山越え路線によき駅舎を見る　ＪＲ芸備線【広島〜備中神代】

安芸《あき》（広島）と備後《びんご》（岡山）を結んでいることで名付けられたＪＲ芸備《げいび》線は、中国山地の内陸部をぐるりとまわりこむように線路を伸ばしている全長１５９・１㎞の路線だ。とはいえその沿線に眼を見張るような大山脈はなく、谷筋を縫うように古くからの街道が各地につながる広大な丘陵地帯になっている。明治40年（１９０７）、早稲田大学英文学科に在学中の若山牧水が備中《びっちゅう》から備後に抜ける旅路で詠った『幾山河 越え去り行かば寂しさの 終てなむ国ぞ 今日も旅ゆく』という有名な短歌がある。もちろん当時はまだ鉄道は建設されておらず、酒と旅を生涯の友とした牧水は徒歩での旅路だった。

このように、中国地方の鉄道は〝幾山河〟を越える路線が多い。牧水の旅路をなぞるように路線を伸ばす芸備線も、峠を越えるたびに現れる風景を求めるように列車は走っていく波乱万丈の路線といえるだろう。

その歴史を見ると、大正４年（１９１５）に私鉄の芸備鉄道が東広島〜三次《みよし》（現・西三次）間を開通させたことに始まる。大正12年（１９２３）には、さらに内陸の町、備後庄原まで延伸する。元号が昭和に変わった頃、岡山側から国有鉄道が「三神線」として備中神代《こうじろ》駅から建設を始め、昭和5年（1930）に東城まで延伸。さらに国有鉄道は昭和8年（1933）に芸備鉄道の備後十日町（現・三次）～備後庄原間を買収して「庄原線」とし、昭和10年（1935）には備後落合駅まで延伸する。つまり国有鉄道は芸備鉄道を利用する形で東西から線路を伸ばしていったのだ。そして昭和11年にはついに東側から備後落合駅とつながり庄原線を編入、名実ともに三次と備中神代を結ぶ「三神線」となった。

波乱に満ちた芸備線建設史は続く。翌昭和12年（1937）には芸備鉄道そのものも国有化され、ここに広島～備中神代間の「芸備線」が成立した。その背景には同じ年に北方から木次線が備後落合駅に接続し、両線を通して山陰山陽連絡の鉄道を完成させる思惑があったのだ。この路線を使って戦後には松江～広島間を運行する急行「ちどり」も設定された。そんな1960年代は芸備線にとってよき時代だったといえるだろう。

このように複雑な建設過程をもつ鉄道だけに、さまざまな形の駅舎が残存して興味が尽きない。とはいえ広島市近郊と内陸部では極端な輸送量の差があり、また平成30年（2018）夏の西日本豪雨で鉄橋が流失するなど、芸備線の激動は今も続いている。それだけに復旧後は応援する気持ちで、駅めぐりを再開したい路線だ。

ＪＲ芸備線・駅舎旅

城壁のように続く山陽新幹線を見ながら芸備線のディーゼルカーは広島駅を発車する。現在、この路線を走るのは国鉄時代からのキハ40系が多く、内陸部の閑散区間ではキハ120形ステンレス気動車も使われている。キハはやがて山陽本線と分かれてマンションが建ち並ぶ広島のベッドタウンを北上する。スケールの大きな太田川の東岸を走った芸備線は下深川で支流の三篠《みささ》川に沿って大きく東に向きを変える。このあたりまでは都市近郊区間らしく乗降客も比較的多く、通勤通学路線として重要な役割を果たしている。

さて、太田川に別れを告げた芸備線はこれより一直線状に伸びる谷を走ることになる。左手に風格のある白木山《しらきやま》（８８９ｍ）を望む頃には、沿線はすっかりのどかな村落風景になっている。この長い谷は断層によるものといわれ、広々とした谷がしばらくの間続く。待合室に懐かしい「ディスカバー・ジャパン」のスタンプ台が残る**狩留家《かるが》駅**では駅事務室が集会所になっていた。この狩留家駅と次の白木山駅間の鉄橋が西日本豪雨で流され、長期間の不通となっている。路地裏の簡素な**上三田駅**、そして近年、惜しまれつつ改築された井原市駅と続く芸備線はその先、向原駅をすぎたところで早くも瀬戸内側と日本海側の分

狩留家駅　昭和24年の駅舎は公民館に

志和地駅　昭和18年に改築された

西三次駅　大正４年の駅、昭和37年改修

神杉駅　大正11年の駅舎が残っている

水界を越える。山の稜線ではなく、標高わずか２１０ｍの分水界は地学的には「谷中《こくちゅう》分水界」と呼ばれる珍しい存在だ。これより北に降った雨は江《ごう》の川《かわ》となって日本海にそそぐのだ。その江の川の水運がつくり出した三次は芸備線沿線最大の町で、そこまでに**志和地《しわち》駅**、**西三次駅**と古い駅舎を残している。初夏、川霧がたちのぼり幻想的な光景になるこの町で平成30年（２０１８）に廃止となった三江線が分岐していた。

この三次駅からは軽快なキハ１２０の１両運転に変わる。三次から続く盆地のなかで**神**

杉駅、福塩《ふくえん》線と分岐する**塩町駅**、さらに**備後庄原駅**と趣のある木造駅舎が残っている。これより芸備線の列車はいったん渓谷を走ったのちに、静かにたたずむ**高《たか》駅**を見て瓦屋根の町並みが印象的な小盆地にある**備後西城駅**に至る。駅舎には観光協会が入居、いっとき話題になった『ヒバゴン』の着ぐるみがおかれていた。続く**比婆山《ひばやま》駅**は簡素ながらも神社風の無人駅舎で、イザナミ命が葬られたという比婆山の遥拝所である熊野神社参詣の駅として建てられたという。

さて、芸備線はこの比婆山駅から25‰の連続勾配区間に入っていく。エンジンの音を響かせて渓谷をじりじりと走り、ときおり現れる農家にも山陰風の赤い石州瓦が見られるようになってきた。やがて木次線との分岐駅、**備後落合駅**に到達する。昭和40年代には夜行急行「ちどり」も停車した駅構内はまるごと山の中にあって、広島・島根・岡山方面からやってきた乗客はここで乗り換えて各方面に散っていくのだ。

現在、芸備線の列車は上り下りともこの備後落合駅で折り返すダイヤで、双方に直行する列車はない。さらにこの先、備後落合～東城間には一日３往復しか列車が走らない、乗り歩きには絶望的なダイヤとなっている。冬季などは14時台に走る１往復が昼間唯一の列車になる。その列車は急カーブを繰り返して芸備線の最高所の**道後山《どうごやま》駅**（６２４ｍ）に向

備後庄原駅　大正12年の駅舎に風格も

備後八幡駅　駅舎を半分に減築している

東城駅　貫禄を感じる昭和５年の駅舎

野馳駅　木造駅舎は昭和５年開業時から

から。高々とした鉄橋が5連続する路線のハイライトが、もっとも列車が少ない区間にあるというのも芸備線の辛さだ。今では訪れる人も少ない道後山駅は、良き時代の観光地らしいちょっと大ぶりな駅舎を残している。

　道後山駅を境にして列車は一気に下る。連続する急勾配が約18kmも続くのだ。その間の**小奴可《おぬか》駅**、**備後八幡駅**と小集落にいい駅舎が点在する。ここは江戸時代に石見銀山の銀を運んだ街道だったという。広島県東端の町にある**東城駅**は久しぶりの有人駅だ。標高は

３１２ｍに下り、駅前に市街地がひろがっている。そして次の野馳《のち》駅の間にある広島・岡山県境の二本松峠こそ、明治の昔に若山牧水が『幾山河～』と詠んだ場所だ。それから百十余年、神代川に沿った谷には中国自動車道が一緒に伸びて、鉄道と奇妙な対比を見せる。芸備線はこの先の備中神代駅で伯備線と接続して終わるが、乗ったキハ１２０はそのまま伯備線に乗り入れて新見駅まで走っていく。

比婆山駅　神社を真似た観光駅舎の無邪気さ

木造駅舎が多く残る芸備線のなかでも異彩を放つ駅舎だ。玄関には寺社建築に見られる懸魚《げぎょ》がさがり、屋根にも反りがはいる神社風の駅舎となっている。この駅は昭和10年（１９３５）に備後熊野駅として開業した頃からの駅舎で、比婆山山中に鎮座するイザナミ命を祀った熊野神社にちなんでこのような駅舎が設けられた。

この頃は戦前のナショナリズムが高揚した時期で、全国的にも由緒ある神社の最寄り駅に宮造りの駅舎が建てられていった時代だった。しかし、この駅から熊野神社まではかなりの距離があり、昭和31年（１９５６）には比婆山登山の玄関として現駅名に改称されて

比婆山駅　屋根の曲線が神社の雰囲気

時刻表を再利用した駅名看板

いる。ふりかえって駅舎を見ると神社風とはいえ完成度はそれほどでもなく、どこか洋館を強引に和風にしたような無邪気さも感じられる。面白いのが玄関に掲げられた駅名看板で、駅の料金表に上書きしたものが風雪を経て下の文字が浮き出ていた。また、駅前の商店で比婆山駅のスタンプを保管している。

四国最古の鉄道に小駅舎を見る　伊予鉄道【松山市～高浜・郡中港・横河原】

城下町松山には伊予鉄道の路面電車と郊外電車の二つが走っている。このうち松山市駅が起点になる郊外電車は三津《みつ》や高浜港に向かう高浜線と、南の伊予市を結ぶ郡中線、そして内陸部の東温《とうおん》市に向かう横河原線がある。いずれも開業は明治時代で、昭和2年（1927）に官営鉄道（国鉄）が延伸してきたときにはすでに伊予鉄道が都市交通の小宇宙を完成させていた。このため、今でもＪＲ松山駅はなんとなく外様の印象をうけてしまう。

そんな伊予鉄道の駅舎は古典的なものと都市電鉄の個性的な市街地駅があり、ともに駅舎趣味を刺激されるものが多い。その歴史をたどれば伊予鉄道も港にモノを運ぶために誕生したいきさつがある。明治時代初頭、伊予松山の実業家、小林信近は材木を大阪に運ぶ船賃より、松山から高浜港に運ぶ運賃のほうが高かったことから鉄道局長、井上勝に直談判して軽便鉄道建設を認めさせ、明治21年（1888）に松山～三津間で開業したのが伊予鉄道の始まりだ。これは私鉄としては南海鉄道に次ぐ日本で2番目に早いものだった。

それ以後、松山を中心に道後鉄道や南予鉄道が開業し、さらに高浜線のライバルだった松山電気軌道も走り始めたが、大正10年（1921）までにすべて合併し、松山は伊予鉄道の天地になった。明治維新には関与できなかったが文明開化の果実を実らせた伊予松山。ここは1日フリーの「1Day Pass」（1800円）で乗り倒してみたい伊予鉄道だ。もちろん「坊っちゃん」も泳いだ道後温泉も入り忘れないように。

伊予鉄道・駅舎旅

●高浜線

松山の中心街にある松山市駅を発車した高浜線の電車はビルを切り欠いてホームを設けた大手町駅を出たところで市内線と平面交差する。このため架線電圧も市内線にあわせて600Vになっている（横河原・郡中線は750V）。その先の古町《こまち》は車両基地のある駅だ。時にはホームから市内線の「坊っちゃん列車」も見られるところ。ちなみに夏目漱石が小説「坊っちゃん」で『マッチ箱のような汽車』と書いたのがこの高浜線の明治時代の姿だという。島式ホームに駅舎を設けて改札口を付けた（つまりホーム上で完結する）**山**

西駅をすぎ、次の駅が、夏目漱石が教師として松山に赴任した際に上陸した三津浜港の最寄りとなる三津駅。ここにはアールヌーボー風の木造駅舎があったが惜しまれつつ解体された。続く**港山《みなとやま》駅**もホーム完結駅。地方私鉄のこの思い切りが好きだ。終着の**高浜駅**には昭和初期からの立派な木造駅舎が残っている。

●郡中線

明治29年（１８９６）に郡中まで開業した南予鉄道は、主に松山城下に海産物を運ぶ路

山西駅　島式ホームの上に建つ駅舎

港山駅　駅舎としてはミニマムな姿

高浜駅　歴史ある洋館駅舎が今も現役

岡田駅　明治43年開業、駅舎も古い

線としての役割も果たしていた。その郡中線はすべて松山市駅が始発だが、高浜線と郡中線の電車が同時発車する光景は松山市駅の名物にもなっている。さて駅舎で面白かったのが**土居田《どいだ》駅**だ。狭いホームに2階建ての駅舎を載せたホーム完結の駅だ。また創業時からと思われる駅舎が残っている**岡田駅**、そして**松前《まさき》駅**には歴史を刻んだ駅舎が使われている。松山市駅から終着の郡中港駅まで24分、郡中線は消費都市松山を支えた、たくましさを感じる路線だ。

●**横河原線**

松山市街から東の内陸部に向かっている横河原線の開業は明治26年（1893）と、高浜線に次いで古い。松山市駅を出た電車はすぐに石手川を渡るが、石手川公園駅のホームと合体した奇妙な橋が架かっている。実はこの橋が横河原線開業時から原位置にある国内現役最古の鉄道橋だという。その古さに驚かされる横河原線だが、次の**いよ立花駅**は伊予鉄道名物のホーム上完結駅。構内には阪鶴《はんかく》鉄道（JR福知山線の前身）の刻印がある古レールもある。また**平井駅**や**牛渕駅**などはちゃんとした駅舎をもっている。なかでも**見奈良駅**は駅舎に小さな三角ファサードを掲げた可愛らしい駅だ。そして松山市駅から40分、前方に西日本最高峰の石鎚山(1982m)が見え始めると終着の横河原駅だ、平成27年

（2015）まで開業時以来の木造駅舎があったが、今は改築されている。

松前駅　「おたたさん」も乗り降りしたニッポンスタイルの名駅舎

高浜線高浜駅舎とともに伊予鉄道のなかでも別格の存在感を見せるのが郡中線の松前駅だ。古色蒼然とした切妻の木造駅舎から入母屋屋根の玄関ポーチを張り出し、壁には漆喰と押し縁下見でコントラストを付け、木製窓枠に囲まれた待合室も居心地がいいニッポンスタイルの名駅舎だ。駅開業は南予鉄道時代の明治29年（1896）だが、当時は軌間762ミリの軽便鉄道で現駅舎のサイズ感では少し大きいか。かつて訪ねた明治駅舎の旧横河原駅（横河原線）が分厚い板張りの古典的な停車場建築だったことから、古いとはいえ開放的な松前駅は、昭和12年（1937）の1067ミリ改軌のときに改築されたものかもしれない。駅舎の正面左側には同時代のものらしい倉庫のような建物もあり、ホームから見ると倉庫の壁に向かって階段もあった。今は使われていない様子だがなんとも気になる建物だ。そんな松前駅だが、利用者が通勤通学の普段使いで利用しているのも好ましい。駅構内は駅舎側片面ホームと構内踏切で連絡する島式ホームの2面3線で、いちばん

松前駅　入母屋屋根の玄関が立派

ホームは嵩上げされている

外側の3番線は架線のない待避線になっている。

駅前は路地になって見通しはきかないが、近くには漁船がならぶ松前漁港があり、その昔は頭に海産物を載せて売り歩いた「おたたさん」という行商の女性たちで知られたところ。かつては大勢の「おたたさん」が列車で松山まで商売に出たという歴史も残っている。

第7章

九州

明治開業区間に木造駅舎が残る　ＪＲ日豊本線【小倉～大分】

九州東岸を南北に縦貫する日豊《にっぽう》本線も、そのスケールの大きさと情報の少なさ故に、駅舎好きの立場からいえば未知の駅が潜んでいる路線だ。ある時、小倉から南下する電車の車窓に次々に現れる木造駅舎を見て、この区間に並々ならぬものを感じたことがある。

日豊本線は明治28年（１８９５）の九州鉄道による小倉～行事（行橋《ゆくはし》駅のことらしい）の開業に始まり、明治30年（１８９７）には豊州鉄道が長洲駅（現・柳ヶ浦駅）まで延伸。その後豊州鉄道は九州鉄道に吸収され、その九州鉄道も国有化されたのち明治44年（１９１１）に大分駅まで開通している。ちなみに同じ九州縦貫の鹿児島本線は明治42年（１９０９）に人吉経由で全通している。さらにいえば現在のルートで日豊本線が全通するのは昭和7年（１９３２）まで待たなくてはならない。じつに工事開始から37年間もかかった「本線」だった。そういえば「鉄道も高速道路もすべて後回し」と嘆いていた大分市の市会議員の話を聞いたことがある。その分、九州東岸はおしなべて気候温暖でのんびりしている土地柄で、名所名湯も豊かなところ。そんな場所にこそ古い駅舎が似合う。

今回は、日豊本線の初期に開通した大分までの駅をめぐってみようと思う。

JR日豊本線・駅舎旅

小倉駅から南に分岐した日豊本線は、JR九州小倉総合車両センターの脇をすり抜けるように走っていく。そこからは郊外風景が続き、興味を引く駅舎はアルミでできた未来派駅舎の苅田《かんだ》駅や金属とガラスでデザインされた行橋駅まで行かなくてはならない。でもこのような金属製SF形駅舎は経年変化でよい方向に転ばないのがつらいところだ。ようやく田園地帯に入った日豊本線はその先でコンクリート駅舎の**新田原駅**《しんでんばる》をおいている。昭和55年（1980）に改築されたもので、控えめに造形的なところが好ましい。ちなみに、すぐ近くに航空自衛隊築城《ついき》基地があり、日豊本線をずっと下った宮崎県内にも同じ漢字の新田原《にゅうたばる》基地もある。なんともややこしい場所にある新田原駅だ。

電車はさらに南下してようやく周防《すおう》灘の渚を見たところに、全身板張りの**豊前松江駅**《ぶぜんしょうえ》を見ることができる。やや背の高い切妻瓦屋根に玄関を付けたオーソドックスな駅舎だが、時を経た風格がにじみ出る駅舎だ。火災によって昭和7年（1932）に改築とされてい

新田原駅　昭和55年改築の駅舎

東中津駅　明治34年の駅舎を改修

豊後豊岡駅　昭和15年の駅舎

東別府駅　明治44年開業時の駅舎

るが、形態的に見て九州に残る明治駅舎の雰囲気を宿した建物だ。一転して昭和31年（１９５６）に開設された**三《み》毛《け》門《かど》駅**はカボチャの産地らしく、カボチャ色（黄色）に塗られた可愛らしいコンクリート駅舎だ。

さて、この先で大分県に入ったところがキリシタン大名、黒田如水が築いた中津城の城下町中津だ。その中津駅をすぎた田園地帯に**東中津駅**、**今津駅**、**天津駅**と3連続でいい感じの木造駅舎を残している。さらに駅館《やっかん》川を渡ったところに明治44年（１９１１）開通時からの**豊前長洲駅**がある。カーブの途中の駅はパン粉工場の裏手にひっそりとたたずんでいる。ちなみに宇佐平野は小麦の名産地だという。宇佐神宮最寄りの**宇佐駅**は昭和45年（1970）改築のまっ平らな国鉄建築だ。このような、空が広く見える平面構成は他の公共建築ではありえない大胆さだったと思う。

日豊本線はここから国東《くにさき》半島の根っこを横断するように山間部を南下して城下町の**杵築駅**や、駅頭に植わるカイヅカが立派な**大神《おおが》駅**を経て別府湾に下っていく。その海が見える**豊後豊岡駅**は、広場に面して懐かしさと優しさを感じる駅舎だ。温泉湧出量日本最大、世界でも第2位という別府温泉は年間約800万人が訪れる一大温泉観光地だ。その別府駅をすぎたところに明治からの木造駅舎として保存されている**東別府駅**がある。山を背負った窮屈な場所に建つ駅だが、別府温泉の歴史はこのあたりから始まったという。近隣には100円で入れる公衆温泉もあって、下町風情も漂う駅前だ。その先には海に迫る標高628mの高崎山が別府と大分市街を隔てている。高崎山は餌付けしたニホンザルで有名な高崎山自然動物園があるところ。いよいよ大分市街に入ったところの**西大分駅**も明治駅舎で、JR貨物の大分総合鉄道部も構内においている。電車はそのまま市街地を走り、平成26年（2014）に新駅舎が完成した大分駅に入っていく。

豊前松江駅

あの頃の風景を残す海辺の駅舎

「夏になるとね、潮干狩りのお客さんが大勢利用したものですよ」と嘱託らしい初老の駅員さんが話してくれた豊前松江駅は、幾星霜を経て黒ずんだ板に木目が浮き出たおんぼろ駅舎だ。たぶん、木造建築としては限界に近いのだろう、よく見れば各所が波をうち、瓦屋根も一部が補修されている。それでも瓦を載せた切妻の玄関には地元書家の揮毫というクスノキ材の駅名看板を掲げ、その上にはわざわざ裸電球を灯らせている。駅頭にはバラも植えられ、交換されたサッシの色も板張りに合わせるなど地域の人々がこの駅を愛し、守っているのが伝わってくる駅舎だ。

駅舎を眺めていたら「跨線橋に行ってごらん」といわれ、屋根のない簡素な跨線橋の階段を登れば、繁みの向こうに瀬戸内海が大きくひろがった。天気がよければ山口県まで望めるという大景観を見て、途中下車してよかったと思った。私のようにただ駅を眺めに来る旅行者も多いのだろう。待合室では駅員さんが地元の人と話をしていた。その横には板がすり減った出札口もあった。達筆すぎて読めない鉄道唱歌の額やさりげなく売られているお菓子など、駅にあってほしい小道具もそろっている。そんな人のいる豊前松江駅は温

豊前松江駅　旧街道に沿って駅舎が建つ

長年使われてきた出札口

かさに満ちていた。

この旅から帰ってから、あらためて国土地理院の地図検索で豊前松江駅周辺の昭和20年代の空中写真を見ても、海岸線で護岸工事が施されただけで驚くほどに変わっていなかった。すぐ隣の宇島海岸が工業地帯として埋め立てられているのと好対照で、駅舎とともに海岸風景も残された夢のような一帯だ。駅から見える漁場で毎年冬に採れる大粒の「豊前海一粒かき」は絶品だという。

まるごと残った明治の鉄道　ＪＲ肥薩線【八代～隼人】

九州新幹線鹿児島ルートの工事が進んでいた頃、新幹線開通後は「肥薩《ひさつ》線が廃止されるのでは」と本気で語られていたことがある。並行在来線は「肥薩おれんじ鉄道」に転換され、都市間連絡で見れば新幹線と肥薩線では恐ろしいほどの差があった。そして肥薩線のなかでも人吉～吉松のいわゆる「矢岳越え」区間はまさに前世紀の遺物のような路線で、同じように国見山地を越えていた国鉄山野《やまの》線も昭和63年（１９８８）には廃止されている。

その難所を観光路線にしたのが平成８年（１９９６）に走り始めた「いさぶろう・しんぺい」で、空席列車しか走っていなかった閑散区間に有料座席の列車が登場したのも驚きだった。平成16年（２００４）の九州新幹線新八代～鹿児島中央開業時には吉松～鹿児島中央間に特急「はやとの風」も運転を開始した。人吉までは特急「かわせみやませみ」も運行し、皆が心配していた肥薩線は気がつけば九州でも屈指の観光路線になっていた。もちろん、球磨《くま》川の眺めや矢岳越えの絶景もすばらしいが、ずらりと並ぶ明治駅舎も肥薩線の魅力になっている。まったく忘れられたような無人駅が特急停車駅になった嘉例川《かれいがわ》駅などを見ても、観光的に古い駅舎の役割は大きいと感じる出来事だった。

肥薩線の歴史を見ると、明治34年（1901）に現在の隼人《はやと》駅から建設が始まり、明治42年（1909）には人吉から難所の矢岳峠を越えて吉松まで延伸し、鹿児島線として全通した。あの西郷隆盛が自害した明治10年（1877）の西南戦争から32年目にして鉄道が鹿児島までつながったのだ。明治政府が全国に鉄道建設を急いだのも、旧士族に対する強力な抑圧効果もあったと思う。なにしろ天然の要害、肥薩国境の国見山地を高速輸送機関が突破したのだから。ともあれ肥薩線の全28駅中9駅に今も木造駅舎があり、すべてが明治時代に建てられたものだ。そんな鉄道遺産級の駅舎を、あらためてめぐってみよう。

JR肥薩線・駅舎旅

日本製紙八代工場の巨大なプラントを借景にした八代駅は大正4年（1915）の旧駅舎がおなじみだが、平成31年（2019）2月に新駅舎が完成した。ここから肥薩線はゆったりと流れる球磨川に沿って奥へ奥へと進むことになる。いきなり急峻な渓谷に入った線路は上空を高々と通過する九州新幹線や九州自動車道を見て、待合室だけの段駅をすぎたところに明治41年（１９０８）の**坂本駅**がある。かつては製紙工場までの引き込み線もあったという駅の構内は広く、立ち姿のいい木造駅舎は人気がある。

これより人家の少ない大渓谷を進む肥薩線は5駅続けてホームと待合所だけの駅をならべていく。しかし6駅目の**白石駅**にはこれも明治41年（１９０８）の駅舎がある。もちろん無人駅で、前には川しかない秘境駅だ。その先に現れる**一勝地駅**《いっしょうち》は駅舎に地元ＪＡが入居して、窓口では勝負事に効きそうな駅名の入場券も販売されている。長々と渓谷を進んできた肥薩線だが、明治駅舎の**渡駅**《わたり》のところで突然に人吉盆地に出る。日本に盆地の数は多いが、これほどメリハリのある盆地も珍しいと思う。この天地には水田がひろがり、名物「球磨焼酎」で有名なところだ。そして城下町人吉の玄関、人吉駅は今も駅弁の立ち売りが見られる駅だ。

さて、これより肥薩線の最大の見どころともいえる矢岳越えが始まる。まず球磨川を渡った列車は九州自動車道とともに進み、南から張り出す尾根に向かってどんどん高度を上げていく。そして山上に至ったところにスイッチバックの**大畑駅**《おこば》がある。駅構内からループ線が始まる鉄道名所だ。そして尾根筋を苦しげに上り詰めたところで標高３５６・９ｍの**矢岳駅**に停車する。現在この二つの駅で構内施設をレストランに、近くの駅長官舎をホテルにする事業が始まっていて、今後は人気を集めそうな気配だ。

さて、矢岳駅から出た列車は車窓絶景、霧島連山を眺望するポイントを経て全長2096ｍの矢岳第一トンネルで熊本・宮崎の県境を越える。トンネル内は25パーミルの急勾配で、かつてD51の機関士が酸素マスクを付けて運転したところだ。宮崎県内に入ったところに**真幸《まさき》駅**がある。ここもスイッチバックの駅で、古びた明治駅舎が残っている。鹿児島県に入り、吉都《きっと》線と接続する吉松駅で峠区間は終わり、左手に霧島連山を見ながら

坂本駅　明治41年建築、下見板張りの壁

大畑駅　スイッチバック線にホームあり

大隅横川駅　風格の明治駅舎だ

隼人駅　竹でリフォームした国鉄建築

大隅横川駅と**嘉例川駅**というほぼ同形の木造駅舎をならべている。今でこそ「駅舎」を訪ねることが普通になってきたが、鉄道趣味の世界では駅舎は顧みられることの少ない分野だった。それだけに理想的な姿で残っていた嘉例川駅の存在は大きかったと思う。

肥薩線の明治駅舎はここまでだが、日豊本線と接続する**隼人駅**の真竹を並べたファサードはぜひ見ておきたい。付近は良質な竹の産地で、竹刀の生産も盛んだという。

嘉例川駅　奇跡のように残った珠玉の明治駅舎

鹿児島空港から近い観光地としてレンタカーで訪れる人も多い嘉例川駅だが、鉄道駅舎としては極めてオーソドックスな形式の建築だ。切妻屋根の玄関側に下屋を回し、漆喰壁を玄関の周囲に配して、その他は黒々とした板張りで壁を覆っている。基本的には肥薩線の他の駅と同様、平屋だが背の高い納屋のような印象を受ける駅舎だ。それでも、鬱蒼とした竹林を背にして建つ姿は、余計な装飾がないぶん全体のフォルムが引き立って古武士のような存在感を示している。嘉例川駅が開業したのは明治36年（1903）のこと。地元の古老に聞けば「昔はホームが2面あって、十三塚原の台地まで肥料を運ぶ索道もあっ

嘉例川駅　駅舎と周囲の風景が見事

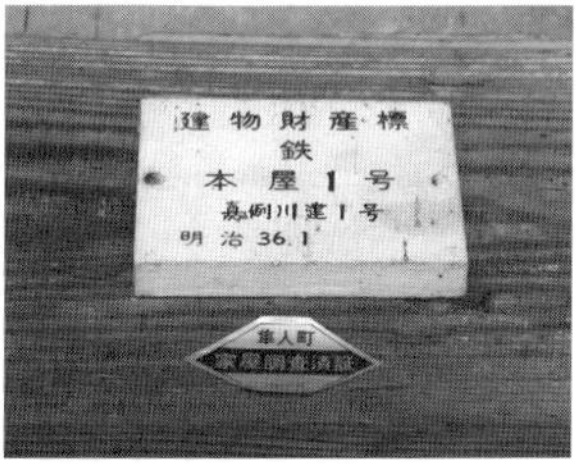

明治36年の建物財産標があった

た」という。その十三塚原は現在、鹿児島空港になっている。

長い間、語られることのなかった嘉例川駅だが、1990年代になって旅人によって「発見」され、訪れる人も多くなった。そんな無名の駅を国鉄OBや地元の老人会が花を植え、絶えず掃除をして守ってきた。特急が停まり、駅弁が販売されるようになっても嘉例川駅そのものは変わっていない。駅前もあえて未舗装だ。建築後116年を経ても嘉例川駅の凛としたたたずまいは少しも衰えてはいない。

おわりに

いい駅を選ぼう、またはランク付けしよう。などと、かなりおこがましい気持ちで始めた本書の企画だがこれが結構大変だった。今回は路線別の駅めぐりを目指したが、その路線が選べないのだ。例えば群馬県の上信電鉄を紹介しようと思えば両毛線や八高線の駅舎が思い浮かぶ。高山本線を書こうとすると長良川鉄道の駅が心の何処かで文句を言う。つまり、本書にある28路線などは全国のいい駅舎路線のほんの一部分でしかないのだ。しかたなく心を鬼にしてドラフト外にした駅舎のなんと多いことか、「泣いて駅舎を切る」だ。

しかも選んだ駅舎は近年訪問したものばかりではない。5年、10年前に行った駅などは駅頭の郵便ポストの向きなど、必ずなにかが変わっている。そんなときウエブ情報が思いのほかが役に立った。該当駅舎の新旧のトレンドモニターが画像検索でかなりわかるのだ。これは駅舎をウオッチする全国の駅舎好きたちのおかげだ。逆にいえばあっけなく失われる駅舎の情報も早く、その頻度には焦りを覚える。ともあれ古い鉄道駅舎のおかれている現状は厳しい。基本的に自治体の都市計画と予算がつけば古い駅舎の改築などは簡単だ。しかも花形事業として地域の玄関の駅舎改築はとにかく目立つ。

しかし、そんな新築駅舎が80年、90年といった期間、よりよい姿を保つことができるかは、はなはだ心もとない。木材は経年変化で味わいが出るがコンクリートや金属は時間とともに一時曲線的に劣化する。意欲的で斬新な駅舎が数年でみすぼらしくなった例も見た。たくさんの駅舎を見れば数年後の姿が見えてくる。それも含めて日本の風景を作る駅舎を、もっと見たいと思う。

ともあれ本書の執筆にあたって、さきほどのウェブ情報の皆様のほか、内房線などの写真を提供していただいた田中比呂之さん、駅めぐりに運転手として付き合っていただいた鉄道写真家の坪内政実さん、そして交通新聞クリエイトの邑口亨さんにはあらためてお礼を申し上げます。

駅名さくいん

杉崎行恭（すぎざき　ゆきやす）
1954年兵庫県尼崎市生まれ。カメラマン・ライターとして旅行雑誌を中心に活動、鉄道史や駅舎をテーマにした取材や研究を手がける。著書に、駅の構造と歴史をまとめた『駅舎』（みずうみ書房）、駅舎ベスト100を選んだ『日本の駅舎』や『駅旅のススメ』（JTBパブリッシング）、『百駅停車』（新潮社）、『線路まわりの雑学宝箱』（交通新聞社新書）など。

交通新聞社新書136
あの駅の姿には、わけがある
路線別に探る、駅舎の謎
（定価はカバーに表示してあります）

2019年8月20日　第1刷発行

著　者――杉崎行恭
発行人――横山裕司
発行所――株式会社　交通新聞社
https://www.kotsu.co.jp/
〒101-0062　東京都千代田区神田駿河台2-3-11
NBF御茶ノ水ビル
電話　東京（03）6831-6551（編集部）
東京（03）6831-6622（販売部）

印刷・製本―大日本印刷株式会社

©Sugizaki Yukiyasu 2019 Printed in Japan
ISBN978-4-330-00219-4

落丁・乱丁本はお取り替えいたします。購入書店名を明記のうえ、小社販売部あてに直接お送りください。送料は小社で負担いたします。